dtv

Philosophieren gleicht einem aufmerksamen Spaziergang durch eine fremde Stadt oder eine schöne Landschaft. Um- und Abwege sind dabei manches Mal unvermeidlich und werden auch gern in Kauf genommen. Von Nutzen kann ein Reiseführer sein, der Unbekanntes erläutert, den einen oder anderen Abstecher empfiehlt oder schon Bekanntes aus einem neuen Blickwinkel zeigt. Dieses Buch ist ein solcher Begleiter auf den abwechslungsreichen Wanderungen durch die Welt des Denkens.

»Wir müssen uns Klarheit verschaffen über Wesen und Beschaffenheit des Zieles; sodann gilt es, Umschau zu halten nach dem Wege, auf dem wir am schnellsten zu ihm gelangen können, wobei der Weg selbst, auch wenn er nicht der rechte ist, zu Erkenntnissen verhelfen wird, wieviel wir täglich vor uns bringen und in welchem Maße wir dem Punkte näherkommen, nach dem uns unser natürliches Verlangen hintreibt.« *Seneca*

Spaziergang mit Seneca

Ein Lesebuch für Nachdenkliche

Herausgegeben von
Brigitte Hellmann

Deutscher Taschenbuch Verlag

Von Brigitte Hellmann im
Deutschen Taschenbuch Verlag herausgegeben:

Frauengeschichte(n) (dtv 30627)
Mit Sokrates im Liegestuhl (dtv 36182)
Der kleine Taschenphilosoph (dtv 34099)
Mit Kant am Strand (dtv 34200)

Originalausgabe
Juni 2006

www.dtv.de

Umschlagkonzept: Balk & Brumshagen
Umschlaggestaltung: Stephanie Weischer unter Verwendung
des Gemäldes ›Märkische Seenlandschaft‹ (1896)
von Walter Leistikow (akg-images)
Gesamtherstellung: Druckerei C. H. Beck, Nördlingen
Gesetzt aus der Stempel Garamond (10/12,5˙)
Gedruckt auf säurefreiem, chlorfrei gebleichtem Papier
Printed in Germany
ISBN 13: 978-3-423-34316-9
ISBN 10: 3-423-34316-8

Inhalt

Theodor Fontane

Ein Spaziergang

Eine Regenwolke stand am Himmel; aber nichts schöner als kurze Aprilschauer, von denen es heißt, daß sie das Wachstum fördern; und so schritt ich denn »am leichten Stabe«, nur leider um einiges älter als Ibykus, auf die Potsdamer Brücke zu, deren merkwürdige Kurvengleise – darauf sich die Pferdebahnwagen in fast ununterbrochener Reihe heranschlängeln – immer aufs neue mein Interesse zu wecken wissen. Da stand ich denn auch heute wieder an das linksseitige Geländer gelehnt, einen rot-gestrichenen Flachkahn unter mir, über dessen Bestimmung eine dicht neben mir angebrachte Brückentafel erwünschte Auskunft gab: »Dieser Rettungskahn ist dem Schutze des Publikums anempfohlen.« Ein zu schützender Schützer und Retter; mehr bescheiden als vertrauenerweckend.

Alsbald war ich bis an den Anfang jener Straßenlinie vorgedrungen, (...) die ganze Linie eine Art Deutz, mit Köln am anderen Ufer, dessen Dom denn auch in Gestalt der Matthäikirche herrlich herübersah, die Situation beherrschend. Und nun kam »Blumeshof« mit seinem Freiblick auf den Magdeburger Platz, und eine kleine Weile danach, so war auch schon der Brückensteg da, der mich nach China hinüberführen sollte. So schmal ist die Grenze, die zwei Welten voneinander scheidet. Eine halbe Minute noch, und ich war drüben.

Kieswege liefen um einen eingefriedeten lawn, den, an dem einen Eck, ein paar mächtige Baumkronen überwölbten. Da nahm ich meinen Stand und sah nun auf China hin, das chinesisch genug dalag. Was da vorüberflutete, gelb und schwer und einen exotischen Torfkahn auf seinem Rücken, ja, wenn das nicht der Jangtsekiang war, so war es wenigstens einer seiner Zuflüsse. Ganz besonders echt aber erschien mir das gelbe Gewässer da, wo die Weiden sich überbeugten und ihr Gezweig eintauchten in die heilige Flut. Merkwürdig, es war eine fremdländische Luft um das Ganze her, selbst die Sonne, die durch das Regengewölk durchwollte, blinzelte sonderbar und war keine richtige märkische Sonne mehr. (...)

Und während in Front der massiven Umfassungsmauern etliche Berliner Jungen Murmel spielten, sprangen, in geringem Abstande davon, einige kleine Mädchen über die Korde. Die älteste mochte elf Jahre sein. Jede Spur von Mandel- oder auch nur Schlitzäugigkeit war ausgeschlossen, und das mutmaßlich seit frühester Jugend immer nur mit Spreewasser behandelte starre Haar fiel, in allen Farben schillernd, über eine fußlige Pelerine, während die Gesichtsfarbe griesig war und die Augen überäugig vorstanden. So hüpfte sie, gelangweilt, weil schon von Vorahnungen kommender Lebensherrlichkeit erfüllt, über die Korde, der Typus eines Berliner Kellerbackfisches.

Ich sah dem zu. Nach einigen Minuten aber ließen die Jungen von ihrem Murmelspiel und die Mädchen von ihrem Über-die-Korde-Springen ab und gaben mir, auseinanderstiebend, erwünschte und bequeme Gelegenheit, die Zeichnungen und Kreide-Inschriften zu mustern, die gerade da, wo sie gespielt hatten, die Chinesische Mauer reichlich überdeckten. Gleich das erste, was ich sah, erschien mir frappant. Es war das Wort »Schautau«. Wenn das nicht chinesisch war, so war es doch mindestens chinesiert, vielleicht ein bekannter Berolinismus in eine höhere, fremdländische Form gehoben. (...)

Sinnend und enttäuscht zugleich hing ich dem allen nach, mehr und mehr von der Erfolglosigkeit meines Studienspazierganges und damit zugleich auch von der Notwendigkeit eines Rückzuges durchdrungen.

Ich trat ihn an, und kaum eine Viertelstunde später, so lag

auch schon die heuer im April bereits zur Maienlaube gewordene Bellevuestraße hinter mir, und scharf rechts biegend, trat ich bei Josty ein, um mich nach all den Anstrengungen meiner Entdeckungsreise durch eine Tasse Kaffee zu kräftigen. Es war ziemlich voll unter dem Glaspavillon oben, und siehe da, neben mir in hellblauer Seide saßen jetzt zwei *Chinesen*, ihre Zöpfe beinah kokett über die Stuhllehne niederhängend. Der jüngere, vielleicht erratend, von welchen chinesischen Attentaten ich herkam, sah mich schelmisch freundlich an, so schelmisch, wie nur Chinesen einen ansehen können, der ältere aber war in seine Lektüre vertieft, nicht in Konfutse, wohl aber in die Kölnische Zeitung. Und als nun die Tasse kam und ich das anderthalb Stunden lang vergeblich gesuchte Himmlische Reich so bequem und so gemütlich neben mir hatte, dacht' ich meiner Platenschen Lieblingsstrophe: Wohl kommt Erhörung oft geschritten/Mit ihrer himmlischen Gewalt,/Doch *dann* erst hört sie unser Bitten,/Wenn unser Bitten lang verhallt.

Seneca

Niemand ist alsbald ein fertiger Weiser

Du klagst, daß meine Briefe die gehörige Sorgfalt vermissen lassen. Doch wer auf den Ausdruck ganz besonderes Gewicht legt, wie kann der anders als gekünstelt reden? Wie meine Rede wäre, wenn wir beisammen säßen oder Seite an Seite umherspazierten, unvorbereitet und zwanglos, so sollen auch meine Briefe sein; sie sollen nichts Gesuchtes, nichts Gekünsteltes haben. Wäre es möglich, so würde ich, was ich denke, lieber sehen lassen, als aussprechen. Und auch wenn ich mich mit dir unterhielte, würde ich nicht mit dem Fuße stampfen, würde nicht mit der Hand fuchteln und meine Stimme anschwellen lassen; alles dies würde ich den Rednern überlassen, zufrieden, meine Gedanken dir mitzuteilen, ohne sie auszuschmücken, aber auch ohne sie wegzuschleudern. Nur das eine möchte ich dir zu voller Überzeugung bringen, daß alle meine Äußerungen genau dem entsprechen, was ich denke, und daß mir, was ich denke, auch ans Herz gewachsen ist. Anders küßt man seine Geliebte, anders seine Kinder; gleichwohl ist auch bei dieser letzteren so lauteren und maßvollen Äußerung der Zärtlichkeit der Zug des Herzens unverkennbar. Ich wünsche wahrhaftig nicht, daß so wichtige Dinge in einem nüchternen und trokkenen Ton vorgetragen werden; denn die Philosophie will nicht geistlos behandelt sein. Aber viele Mühe auf die Worte zu verwenden ist nicht vonnöten. Unser leitender Grundsatz sei, zu reden, was wir denken, und zu denken, was wir reden. Die Rede stimme mit dem Leben zusammen. Der hat, was wir uns von ihm versprechen, erfüllt, der derselbe ist, du magst ihn nun sehen oder hören. Von welcher Beschaffenheit und Größe er sei, das wird sich ja zeigen: aber *einer* muß er sein und *nur* einer.

Unsere Worte sollen nicht der ergötzlichen Unterhaltung dienen, sie sollen Nutzen schaffen. Stellt sich aber der Redeschwung mühelos ein, ist er uns geläufig oder kostet er uns nur wenig, so trete er in Wirksamkeit und gebe dem herrlichen Inhalt das Geleite. Dabei sei er von der Art, daß er die Sache und nicht *sich* ins Licht stelle. Andere Wissensfächer haben es nur mit dem Geiste zu tun; hier aber handelt es sich (zugleich) um eine Angelegenheit des Herzens. Ein Kranker sucht nicht einen durch Beredsamkeit glänzenden Arzt; trifft es sich aber, daß eben der, der sich auf Heilkunst versteht, auch zierlich über seine zu treffenden Maßregeln zu reden weiß, so wird er sich gern darein finden. Doch hat er keinen Grund, sich Glück zu wünschen, daß er an einen Arzt geraten ist, der zugleich einen guten Redefluß hat. Denn das ist ein Zusammentreffen ähnlich dem, wenn ein kundiger Steuermann zugleich auch schön ist. Was kitzelst du mir die Ohren? Was soll mir ein solcher Genuß? Hier handelt es sich um andere Dinge. Durch Brennen, Schneiden, Enthaltsamkeit muß mir geholfen werden; dazu habe ich dich entboten. Du sollst eine alte, schwere, allgemein verbreitete Krankheit heilen. Dein Beruf macht Ansprüche an dich so groß wie an einen Arzt während der Pest. Und dir ist es um leere Worte zu tun? Sei doch um Gotteswillen froh, wenn du der *Sache* Herr wirst. Wozu willst du so vielerlei lernen? Wann willst du denn, was du gelernt, dir so zum festen Eigentum machen, daß du es nicht wieder verlieren kannst? Wann wirst du es durch Erfahrung erproben? Denn hier genügt es nicht wie in anderen Fällen, die Sache dem Gedächtnis anvertraut zu haben: sie will durch die Tat erprobt sein. Nicht das bloße Wissen macht glücklich, sondern die Tat.

»Wie? Es soll keine Stufen *unter* diesem Glücklichen (dem Weisen) geben? Eine tiefe Kluft soll unmittelbar von da sich auftun?« Nein, das glaube ich nicht. Denn wer Fortschritte macht, wird zwar noch zu den Toren gerechnet, ist jedoch durch einen weiten Abstand von ihnen getrennt. Auch finden sich unter den Fortschreitenden selbst noch erhebliche Unterschiede. Es sind drei Klassen, in die sie nach der Annahme einiger zerfallen.

Die erste Klasse besteht aus denen, die noch nicht im Besitze der Weisheit sind, aber sich bereits in ihrer Nähe befinden. Aber die Nähe bedeutet eben noch nicht die eigentliche Zugehörigkeit. Wer sie seien, fragst du? Es sind diejenigen, die bereits alle Leidenschaften und Laster abgelegt und sich Belehrung verschafft haben über das zu Erstrebende, doch ohne noch das volle Selbstvertrauen erreicht zu haben. Sie haben ihren sittlichen Trieb noch nicht vollständig in ihrer Gewalt, sind aber doch schon weit genug, um vor einem Rückfall in ihre

Fehler bewahrt zu sein; allein sie sind sich darüber noch nicht völlig klar. Es steht mit ihnen so, wie ich meiner Erinnerung nach in einem Briefe mich darüber ausdrückte: »Sie wissen nicht, daß sie etwas wissen«. Sie können sich zwar ihres sittlichen Standpunktes erfreuen, ermangeln aber noch des unbedingten Vertrauens. Einige kennzeichnen die hier besprochene Klasse der Fortschreitenden in der Weise, daß sie sagen, sie hätten die Krankheiten der Seele bereits hinter sich, aber noch nicht die leidenschaftlichen Erregungen, und ihr Standpunkt sei noch kein sicherer, denn niemand sei der Gefahr des Bösen völlig entrückt als der, der es mit Stumpf und Stiel ausgerottet hat. Das aber hat niemand getan als der, der die Weisheit in sich aufgenommen hat an Stelle des Bösen.

Wie sich aber die Krankheiten der Seele von ihren leidenschaftlichen Erregungen unterscheiden, darüber habe ich mich schon öfters geäußert. Auch jetzt will ich dich darauf hinweisen. Krankheiten sind Fehler, die sich fest und dauernd eingenistet haben, wie Habsucht und Ehrgeiz; sie haben sich tief in die Seele eingesenkt und sind nachgerade seine dauernden Übel geworden. Auf den kürzesten Ausdruck gebracht: Krankheit (der Seele) ist die starr festgehaltene irrige Meinung, man müsse mit aller Kraft erstreben, was nur in einem sehr geringen Grade erstrebenswert ist. Oder, wenn du dies vorziehst, wollen wir so definieren: sein Herz allzusehr hängen an Dinge, die nur in ganz geringem Maße oder überhaupt nicht erstrebenswert sind, oder auf Dinge großen Wert legen, die nur einen bedingten oder gar keinen Wert haben. Affekte aber sind verwerfliche Gemütserregungen, die plötzlich und stürmisch hervorbrechend bei öfterer Wiederholung und Vernachlässigung zur Krankheit werden, wie ein einzelner und noch nicht zur Gewohnheit gewordener Katarrh Husten verursacht, ist er aber anhaltend und eingenistet, dann Schwindsucht. So sind denn die am weitesten Fortgeschrittenen über die Krankheiten hinaus, den Affekten aber sind sie noch zugänglich, auch wenn sie dem Weisen schon ganz nahe stehen.

Die zweite Klasse besteht aus solchen, die sich zwar der schwersten seelischen Übel und Erregungen entledigt haben, aber doch nur so, daß sie noch nicht in sicherem Besitz ihrer Gemütsruhe sind; denn sie können noch in den alten Zustand zurückfallen.

Die dritte Klasse ist frei von vielen und großen Gebrechen, aber noch nicht von allen. Sie hat der Habsucht den Abschied gegeben, aber ist dem Zorne noch zugänglich. Sie wird nicht mehr von der Wollust beunruhigt, wohl aber noch von dem Ehrgeiz. Sie steht nicht mehr unter dem Einfluß der Begehrlichkeit, wohl aber der Furcht. Und was die Furcht selbst anlangt, so fühlt sie sich gewissen Eindrücken gegenüber sicher, anderen gegenüber aber zaghaft. Den Tod verachtet sie, den Schmerz scheut sie.

Hier wollen wir innehalten zu einer kurzen Selbstbetrachtung. Wir können uns immerhin Glück wünschen, wenn wir auch nur dieser letzten Gruppe zugerechnet werden. Nur bei reicher natürlicher Ausstattung und großer und unausgesetzter Anstrengung in unseren wissenschaftlichen Bemühungen kann die zweite Stufe erreicht werden; doch schon diese dritte Klasse ist nicht zu verachten. Bedenke, wieviel des Bösen du rings um dich siehst, achte darauf, wie es keinerlei Frevel gibt, für den sich nicht ein Beispiel fände, wie die Schurkerei täglich Fortschritte macht, wie öffentlich und von einzelnen gesündigt wird, und du wirst dir sagen, daß wir es weit genug gebracht haben, wenn wir nicht zu den Schlimmsten gehören. »Ich aber hoffe«, sagst du, »mich auch zu einer höheren Klasse emporarbeiten zu können.« Das möchte ich uns mehr wünschen, als ich es versprechen kann. Wir sind von vornherein in Beschlag genommen; von Sünden umstrickt, bemühen wir uns um die Tugend. Ja, ich schäme mich, es zu sagen: wir huldigen dem

Tugendstreben nur, solange wir Zeit dafür übrig haben. Aber welch herrlicher Lohn harret unser, wenn wir unsere Geschäftslast und die uns so zäh anhaftenden Übel von uns werfen. Nicht Begierde, nicht Furcht wird uns noch bedrängen. Nicht hin und her gejagt von Schrecknissen, nicht durch Lustbegier verdorben, werden wir weder vor dem Tod noch vor den Göttern zusammenschauern. Es wird uns zur Gewißheit geworden sein, daß der Tod kein Übel, die Götter keine Unheilstifter seien. Was Schaden verübt, ist ebenso schwach wie das, dem der Schaden zugefügt wird; das Beste hat keine schadende Kraft. Arbeiten wir uns aus diesem Schlamme heraus zu jener erhabenen Höhe, so harret unser da der Seelenfriede und nach Verbannung alles Irrwahns eine schrankenlose Freiheit. Und worin besteht diese? So fragst du. Weder vor Menschen noch vor den Göttern Furcht zu haben; seine Wünsche weder auf Schimpfliches noch auf Übermäßiges zu richten, über sich selbst unbedingte Gewalt zu haben. Es ist ein unschätzbares Gut, sein eigen zu werden.

Laotse

Es gibt ein Ding …

Es gibt ein Ding, das ist unterschiedslos vollendet.
Bevor der Himmel und die Erde waren, ist es schon da,
so still, so einsam.
Allein steht es und ändert sich nicht.
Im Kreis läuft es und gefährdet sich nicht.
Man kann es nennen die Mutter der Welt.
Ich weiß nicht seinen Namen.

Ich bezeichne es als SINN.
Mühsam einen Namen ihm gebend,
nenne ich es: groß.
Groß, das heißt immer bewegt.
Immer bewegt, das heißt ferne.
Ferne, das heißt zurückkehrend.
So ist der SINN groß, der Himmel groß, die Erde groß,
und auch der Mensch ist groß.
Vier Große gibt es im Raume,
und der Mensch ist auch darunter.
Der Mensch richtet sich nach der Erde.
Die Erde richtet sich nach dem Himmel.
Der Himmel richtet sich nach dem SINN.
Der SINN richtet sich nach sich selber.

Platon

Timaios spricht über die »Schöpfung« der Welt

TIMAIOS: Ja, mein Sokrates, so halten's alle, die auch nur einen Funken von Besonnenheit in sich haben: beim Beginn eines jeden Unternehmens, gleichviel ob groß oder klein, rufen sie stets eine Gottheit an. Und so müssen wir, die wir im Begriff stehen, über das Weltall zu sprechen, inwiefern es geworden oder ungeworden ist, doch wohl unbedingt, wenn wir nicht alles Verstandes bar sind, die Götter und Göttinnen um ihre Hilfe dazu anflehen, daß unsere Erörterung vor allem ganz nach ihrem Sinne ausfalle, sodann aber auch, daß sie in Übereinstimmung mit sich selbst bleibe. Und so seien denn hiermit die Götter angerufen; unser Ruf an uns selber aber muß dem Wege gelten, auf dem einerseits euch das Verständnis am meisten erleichtert wird, anderseits ich am besten meinen Gedanken über den vorliegenden Gegenstand darzulegen vermag.

Es kommt also nach meinem Darfürhalten zunächst auf eine Unterscheidung folgender Vorstellungen an: Was ist das immer Seiende, welches kein Werden zuläßt, und was ist das immer Werdende, welches niemals des Seins teilhaftig wird? Das eine ist durch vernünftiges Denken vermittelst des Verstandes erfaßbar, denn es bleibt immerdar sich selbst gleich, das andere ist nur der [schwankenden] Meinung eben in dieser unvollkommenen Form erfaßbar vermittelst der Sinneswahrnehmung ohne Beteiligung des Verstandes, denn es ist in beständigem Werden und Vergehen begriffen, ohne je zum Sein zu gelangen. Alles Werdende aber hat notwendig irgendeine Ursache zur Voraussetzung, denn ohne Ursache kann unmöglich etwas entstehen. Jedes Ding nun, dessen Form und Wirkungsart der Bildner (Demiurg) herstellt im beständigen Hinblick auf das sich immerdar Gleichbleibende, das ihm dabei zum Muster dient, muß auf diese Weise unbedingt in jeder Hinsicht auf das beste gelingen; blickt er dabei aber auf das Gewordene hin und nimmt er sich dieses zum Muster, dann fällt das Werk nicht gut aus. Das ganze Himmelsgebäude nun – oder Weltall oder welchen Namen es sonst für sich selber wünscht, es soll uns jeder recht sein – muß zunächst von dem Gesichtspunkt aus untersucht werden, der jeder Untersuchung als Ausgangspunkt zugrunde gelegt werden muß, von der Frage nämlich, ob es von jeher da war ohne einen Anfang seiner Entstehung oder ob es geworden und von irgendwelchem Anfang ausgegangen ist. Es ist geworden; denn es ist sichtbar und fühlbar und körperlich, alles von dieser Art aber ist sinnlich wahrnehmbar; das sinnlich Wahrnehmbare, durch schwankende Meinung vermittelst der Wahrnehmung Faßbare aber ist, wie wir sahen, dem Werdenden und Erschaffenen zuzurechnen. Das Gewordene aber, behaupten wir, muß immer irgendeine Ursache haben. Den Bildner und Vater dieses Alls zu finden ist schwierig, und hat man ihn gefunden, so ist es unmöglich, ihn allen kundzutun. Doch muß man wieder hinsichtlich seiner fragen, nach welchem der beiden Muster der Baumeister es bildete, ob nach dem unwandelbaren und ewig gleichen oder nach dem gewordenen. Wenn nun dies Weltall schön und wohlgeraten und, der es bildete, ein guter Werkmeister ist, so ist es offenbar, daß er nach dem Ewigen blickte; im anderen Falle aber, den auch nur in den Mund zu nehmen eine Lästerung sein würde, nach dem Gewordenen. Nun ist es doch für jedermann klar, daß er nach dem Ewigen blickte; denn die Welt ist das Schönste von allem Gewordenen, und was die Ursache anlangt, so hält nichts den Vergleich mit dem Meister (als Urheber) aus. Steht es aber mit ihrer Entstehung so, dann ist sie nach dem Muster des dem Verstande und der Einsicht Erfaßbaren und sich immer Gleichbleibenden geschaffen.

Dies zugegeben, ist diese Welt notwendig ein Abbild von etwas. Bei jeder Frage nun ist es von größter Wichtigkeit, den Anfang sachgemäß zu behandeln. Was also das Bild und sein Urbild anlangt, so macht sich für die Darstellung beider ein Unterschied notwendig insofern, als sie (die Darstellung) mit dem, was sie darstellt, auch in innerer Verwandtschaft stehen muß. Für das Bleibende und Feststehende und mit Hilfe der Vernunft Erkennbare muß auch die Darstellung den Charakter des Bleibenden und Unumstößlichen an sich tragen; sie darf, soweit überhaupt bei Worten von Unwiderleglichkeit und Unwandelbarkeit die Rede sein kann, es daran in keiner Weise fehlen lassen; dagegen wird die Darstellung des dem Muster nur Nachgebildeten, also des bloßen Abbildes, den Charakter des Wahrscheinlichen und des der Eigenart dieses Gegenstandes Entsprechenden tragen. Wie sich zum Werden das Sein, so verhält sich zum Glauben (Wahrscheinlichkeit) die Wahrheit. Wenn wir nun, mein Sokrates, angesichts der zahlreichen

Erörterungen, die von Früheren über die Götter und über die Entstehung des Weltalls bereits vorliegen, außerstande sein sollten, eine in jeder Beziehung mit sich selber übereinstimmende und genau zutreffende Darstellung zu geben, so wundere dich nicht; vielmehr muß es schon genügen, wenn unsere Darstellung es an Wahrscheinlichkeit mit der jedes anderen aufnehmen kann. Denn man darf nicht vergessen, daß wir alle, ich, der Vortragende, und ihr, die Richter, nur Menschen sind; wenn wir also über diese Dinge eine Dichtung zu hören bekommen, die auf Wahrscheinlichkeit Anspruch hat, so können wir ganz zufrieden sein und brauchen nichts weiter zu verlangen.

SOKRATES: Sehr richtig, mein Timaios, und deiner Mahnung ist durchaus Folge zu geben. So haben wir also das Vorspiel von dir erhalten, und nunmehr mußt du die eigentliche Melodie folgen lassen.

TIMAIOS: So laßt uns denn den Grund erörtern, der den Werkmeister veranlaßte, dies Weltgebäude, diese Stätte des Werdens, zusammenzufügen. Er war voller Güte; wer aber gut ist, für den gibt es niemals und nirgends einen Grund zum Neide: völlig unberührt von ihm, wollte er, daß alles ihm selbst so ähnlich wie möglich sei. Darin also nach der Lehre einsichtiger Männer den eigentlichen und am meisten durchschlagenden Grund des Werdens und des Weltalls zu erkennen dürfte wohl das Richtigste sein. Denn da Gott wollte, daß alles möglichst gut, nichts aber schlecht sei, so führte er das ganze Reich des Sichtbaren, das er nicht im Zustand der Ruhe, sondern der an kein Maß und keine Regel gebundenen Bewegung übernahm, aus der Unordnung zur Ordnung über, überzeugt, daß dieser Zustand in jeder Hinsicht besser sei als jener. Nun stand es aber von jeher, wie noch jetzt, dem Besten nicht zu, irgend etwas anderes zu vollbringen als das Schönste. Indem er also die Sache erwog, fand er, daß unter den ihrer Natur nach sichtbaren Dingen, Ganzes gegen Ganzes gestellt, nichts Vernunftloses jemals schöner sein werde als etwas Vernunftbegabtes und daß anderseits ohne Seele keinem Wesen Vernunft beiwohnen könne. Von dieser Erwägung geleitet, fügte er das Weltall in der Weise zusammen, daß er der Seele die Vernunft, die Seele aber dem Körper beigesellte, um ein Werk zu vollbringen, dem an natürlicher Schönheit und Trefflichkeit nichts gleichkäme. Und so haben wir denn, insofern es sich um eine nur wahrscheinliche Darstellung handelt, allen Grund zu behaupten, dies Weltall sei ein beseeltes und in Wahrheit vernünftiges Geschöpf, wozu es durch die Vorsehung Gottes geworden.

Hat es nun damit seine Richtigkeit, so müssen wir ferner die daraus sich ergebende Frage erörtern, welchem lebenden Wesen ähnlich das Werk des Werkmeisters gebildet sei. Irgendeine Art von Einzelgeschöpfen werden wir dafür nicht zulässig finden; denn was dem Unvollkommenen gleicht, kann niemals schön sein. Wohl aber dürfen wir das Weltall als demjenigen ähnlich setzen, von dem alle anderen Geschöpfe, im Einzelnen sowie nach Gattungen genommen, nur Teile sind. Dieses nämlich umfaßt in sich alle von der Vernunft erkennbaren Wesen, so wie diese unsere Welt uns und alle anderen sichtbaren Geschöpfe umfaßt. Denn Gottes Wille war es, die Welt dem Schönsten und in jeder Beziehung Vollkommenen unter allem, was die Vernunft sich denken kann, so ähnlich wie möglich zu machen, und so bildete er sie als ein einziges sichtbares, lebendes Wesen, das alle ihm von Natur verwandten Geschöpfe in sich schließt. Sprechen wir also mit Recht nur von *einer* Welt, oder wäre es richtiger, von einer großen, ja unendlichen Zahl derselben zu reden? Nein! Nur von einer, wenn anders sie nach dem Urbilde geschaffen sein soll. Denn was alle denkbaren Geschöpfe umfaßt, das kann nicht als zweites neben einem andern bestehen. Dann müßte es nämlich noch ein anderes jene beiden umfassendes lebendes Wesen geben, dessen Teile jene beiden wären, und die Welt wäre, wie wir dann richtiger sagen würden, nicht mehr dem Muster jener beiden, sondern jenem sie Umschließenden nachgebildet. Diese unsere Welt hier sollte hinsichtlich der Einheit dem durchaus vollkommenen lebendigen Wesen ähnlich sein: das ist der Grund, weshalb der Weltbildner weder zwei noch unzählige Welten schuf, sondern daß es nur diese *eine* Welt gibt als gewordene und ewig weiter bestehende.

Körperlich also, sichtbar und fühlbar muß das Gewordene sein. Ohne Feuer aber kann niemals etwas sichtbar werden und fühlbar nicht ohne etwas Festes und fest nicht ohne Erde. Daher bildete Gott, als er anfing, den Weltkörper zusammenzufügen, ihn aus Feuer und Erde. Zwei Dinge aber lassen sich für sich allein nicht haltbar zusammenfügen; es gehört notwendig dazu ein drittes, ein vermittelndes Band nämlich, welches die Vereinigung beider erst zustande bringen kann. Das schönste aller Bänder aber ist dasjenige, welches die engste Vereinheitlichung des Bandes selbst mit den verbundenen Gegenständen herstellt. Dies aber am besten zu bewirken vermag ihrem Wesen nach die Proportion. Denn wenn von drei Zahlen, seien es nun Produktzahlen oder Quadratzahlen, die mittlere zu der letzten sich so verhält wie die erste zur mittleren und ebenso wieder die letzte zu der mittleren wie die mittlere zu der ersten, so ergibt sich, daß, wenn man die mittlere an die erste und letzte Stelle, die letzte und erste dagegen beide in die Mitte setzt, das Verhältnis immer ganz das nämliche bleibt; bleiben sie aber immer in dem nämlichen Verhältnis zueinander, so bilden sie zusammen eine Einheit. Hätte nun der Weltkörper eine bloße Fläche werden sollen ohne Tiefe, so hätte *ein* Mittelglied genügt zur Vereinigung seiner selbst mit den beiden anderen. Nun sollte er aber körperhaft sein, zur Vereinigung aber von körperhaften Dingen reicht *ein* Mittelding nie aus, sondern es gehören dazu immer zwei. So stellte denn Gott Wasser und Luft in die Mitte zwischen Feuer und Erde und stellte unter ihnen die Proportion in möglichster Genauigkeit her, so daß, wie sich Feuer zu Luft, so

Luft zu Wasser, und wie Luft zu Wasser, so Wasser zu Erde verhält. Auf diese Weise formte er und fügte er den Weltbau zusammen zu einem sichtbaren und fühlbaren Ganzen. Und eben deshalb wurde der Körper der Welt aus diesen so gearteten und quantitativ eine Vierzahl bildenden Elementen nach Maßgabe einer Proportion in sich zusammenstimmend erschaffen, und daher stammt denn auch ihr freundschaftlicher Zusammenhalt: in und mit sich eng vereint, kann er durch keine andere Kraft aufgelöst werden als durch die des Urhebers selbst.

Von diesen vier Elementen nun wurde bei Bildung der Welt jedes einzelne in vollem Umfang in Anspruch genommen. Denn aus sämtlichem Feuer, aus sämtlichem Wasser, aus sämtlicher Luft und sämtlicher Erde schuf sie ihr Bildner, ohne irgendeinen Teil oder irgendeine ihrer Kräfte ungenutzt zu lassen. Dabei wurde er von folgender Absicht geleitet: erstens sollte es ein durchweg möglichst vollkommenes Geschöpf sein, bestehend aus lauter vollkommenen Teilen, sodann sollte es ein einziges sein, weshalb denn nichts übriggelassen wurde, woraus ein anderes, gleichartiges hätte entstehen können, ferner sollte es unberührt bleiben von Alter und Krankheit; denn er sagte sich, daß sich um einen zusammengesetzten Körper von außen her Hitze und Kälte und alle möglichen stark wirkenden Kräfte sammeln und, zur Unzeit auf ihn hereinbrechend, ihn aus den Fugen bringen, ihn mit Krankheit und Alter schlagen und ihn so dem Untergange preisgeben. Aus diesem Grunde und in dieser Erwägung bildete er die Welt als ein einziges Ganzes aus lauter in sich vollständigen Teilen als ein vollkommenes, von Alter und Krankheit unberührtes lebendes Wesen.

Ferner gab er ihr eine Gestalt, die ihrem Wesen durchaus entspricht und verwandter Natur ist. Demjenigen Geschöpfe, das alle Geschöpfe in sich fassen soll, dürfte wohl diejenige Gestalt recht eigentlich angemessen sein, die alle anderen Gestalten in sich faßt. Daher bildete er sie durch Drehung kugelförmig, mit allseitig gleichem Abstand von der Mitte aus nach der abschließenden Oberfläche, gerundet, gab ihr also diejenige Figur, die von allen die vollkommenste und am meisten sich selbst gleich ist, überzeugt, daß das Gleiche tausendmal schöner sei als das Ungleiche. Auch auswendig glättete er sie dann kugelförmig ab aus vielerlei Gründen. Bedurfte sie doch keiner Augen, denn außerhalb ihrer gab es ja sonst nichts Sichtbares, auch keines Gehörs, denn es gab für sie nichts Hörbares; auch gab es keine umgebende Luft, die ein Einatmen nötig gemacht hätte; auch war sie keines Werkzeugs benötigt, um sich Nahrung damit zuzuführen und das Verdaute wieder von sich zu geben. Denn es sonderte sich nichts von ihr ab, wie auch von keiner Seite irgend etwas zu ihr hinzutrat; gab es ja doch sonst überhaupt nichts. Vermöge ihrer kunstvollen Bildung nämlich macht sie ihre eigene Zersetzung zur Quelle ihrer eigenen Nahrung, und all ihr Leiden und Tun vollzieht sich nur in ihr selbst und durch sich selbst. Denn Selbstgenügsamkeit, so meinte ihr Bildner, sei weit besser für sie als auf andere angewiesene Bedürftigkeit. Was aber die Hände anlangt, so lag für sie kein Bedürfnis vor, mit ihnen irgend etwas zu ergreifen oder von sich abzuwehren; er glaubte also nicht, sie ihr zwecklos beigeben zu sollen, ebensowenig auch Füße oder überhaupt irgendwelche Beihilfe zur Fortbewegung. Denn er verlieh ihr diejenige Bewegung, die ihrer Körpergestalt als die ihr eigentümliche entsprach, nämlich von den sieben Bewegungsarten diejenige, die ihrem Wesen nach der Vernunft und Einsicht am nächsten steht. So gab er ihr denn eine völlig gleichförmige Bewegung immer in dem nämlichen Raum und um ihre eigene Achse und ließ sie so im Kreise sich umschwingen; die sechs anderen Bewegungsarten aber hielt er fern von ihr und ließ sie an deren Irrwandel nicht teilnehmen. Zu dieser ihrer Umdrehung bedurfte sie keiner Füße, und deshalb schuf er sie ohne Schenkel und Füße.

Pedro Calderón de la Barca

Anrufung der Welt

Anmutige Konturen
Der aus der Tiefe dämmernden Naturen,
Die zwischen Licht und Nächten
Des Himmels Abglanz sich erobern möchten
Und die Gestirne überfunkeln
Mit ihren schönen Blumen, die verdunkeln,
Eh sie noch kaum erglühten,
Ein ird'scher Himmel schnell verwehter Blüten,
Kampfplatz der Elemente,
Ihr luft- und flutumspülten Berggelände,
Wo durch der Lüfte Wellen
Der Vögel Barken bunte Segel schwellen,
Der Fische stumm Gewimmel
Glückselig schwebt in meeresblauem Himmel,
Wo zuckende Wetterstrahlen
Mit Zornesfeuer ernste Warnung malen,
Und auf den waldumkränzten Bergeszinnen,
Als Herrn des Reiches, Tier' und Menschen sinnen.
Du rastlos Ungeheuer
Aus Erde, Wasser, Luft und Feuer!
In ew'gen Wandelungen
Des Universums Werkstatt kühn entrungen,
Ein Wunder, wie kein zweites noch die Himmel kennen –
Und um mit *einem* Worte dich zu nennen:
Du, Welt! die, wie das Lied vom Phönix singet,
Stets aus der eignen Asche sich verjünget!

Aristoteles

Bewegung und Veränderung

Da die Natur Prinzip von Bewegung und Wandel ist, diese unsere Untersuchung aber der Natur gewidmet ist, so darf nicht verborgen bleiben, was Bewegung denn ist. Denn wenn man hier in Unkenntnis ist, ist man es notwendig auch bezüglich des Naturbegriffs.

Wenn wir unsere Bestimmungen bezüglich von Bewegung getroffen haben, ist zu versuchen, auf gleiche Weise das durchzugehen, was sich daran anschließt: Bewegung scheint in den Bereich des *Zusammenhängenden* (Kontinuum) zu gehören, in dem Begriff »zusammenhängend« erscheint allererst (die Bestimmung) *»unbegrenzt«;* wenn man nämlich »zusammenhängend« bestimmt, tritt nebenbei ein, daß man oftmals den Begriff »unbegrenzt« mitbenutzt, denn »unbegrenzt teilbar« – das ist eben »zusammenhängend«.

Zudem, ohne die Begriffe *»Ort«, »leer«* und *»Zeit«* kann Bewegung nicht sein. Es ist also klar, daß deswegen und wegen der Tatsache, daß diese Begriffe für alles gemeinsam und allgemein sind, ihre Untersuchung durchzuführen ist, und zwar indem man jeden einzelnen von ihnen vornimmt – die Anschauung des Einzelfalles ist der des Allgemeinen ja nachgeordnet: zuerst also, wie gesagt, zum Begriff *»Bewegung«.*

Etwas ist ausschließlich im Modus der *Wirklichkeit,* ein anderes der *Möglichkeit und Wirklichkeit* nach, eines ist ein »diesesda«, anderes ein »so viel«, anderes »so geartet« und, was die übrigen Grundaussageweisen von »seiend« angeht, so weiter. Von dem, was »in Beziehung auf etwas« ausgesagt wird, tritt das eine (Teilstück) als »bezogen auf Überschuß und Mangel« auf, das andere als »bezogen auf Handelndes und Leidendes«, allgemein: Bewegendes und Bewegtes. Das Bewegende ist ja eine Bewegung eines Beweglichen, und umgekehrt das Bewegliche ist bewegbar durch ein Bewegendes. Es gibt aber keine Bewegung außerhalb der Dinge: es wandelt sich ja je das sich Wandelnde entweder seinem Wesen nach oder nach dem »wieviel« oder dem »wie geartet« oder nach dem Ort – oberhalb dieser ist nichts Allgemeines zu greifen, wie wir behaupten, was nicht entweder ein »dieses« oder irgendwieviel oder irgendwiegeartet oder irgendeine andere der Grundaussagen wäre. So kann es also auch nicht Wandel und Bewegung von etwas geben neben dem Aufgezählten, wenn es doch neben dem Aufgezählten nichts gibt. Jede dieser Grundaussagen trifft auf alles in zwei Weisen zu, z. B. das »dieses« – eine Weise davon ist »Gestalt«, die andere »noch fehlende Bestimmung« –, und nach dem »wie geartet« – eine ist »weiß«, die andere »schwarz« –, und nach dem »wieviel« – das eine »vollendet«, das andere »unvollendet«. Ähnlich auch nach der Ortsbewegung – das eine »oben«, das andere »unten«, oder das eine »leicht«, das andere »schwer«. Also: Von Bewegung und Wandel gibt es so viele Formen wie des Seienden.

Indem nun in jeder Gattung ein Unterschied besteht zwischen dem Wirklichen und dem Möglichen, so gilt: Bewegung ist die Verwirklichung eines der Möglichkeit nach Seienden, z. B. heißt die Verwirklichung eines qualitativ Seienden, sofern es wandelbar ist, Veränderung; die dessen, was wachsen kann, oder seines Gegenteils, dessen, was schwinden kann – denn eine gemeinsame Bezeichnung über beiden gibt es nicht – heißt *»Wachsen«* und *»Schwinden«;* die dessen, was entstehen und vergehen kann, heißt *»Werden«* und *»Vergehen«,* die dessen, was sich fortbewegen kann, *»Ortsbewegung«.*

Daß Bewegung dieses besagt, wird aus Folgendem klar: Wenn etwas, das gebaut werden kann, insofern wir eben diese Eigenschaft von ihm aussagen, zur Verwirklichung kommt, dann wird es eben gebaut, und dies ist dann »Bauen«. Ebenso auch: »Lernen«, »Heilen«, »Umwälzen«, »Springen«, »Reifen«, »Altern«. Da nun einiges, als dieses selbe, sowohl der Möglichkeit wie auch der Wirklichkeit nach ist – nicht gleichzeitig oder in derselben Hinsicht, sondern z. B. so: warm der Wirklichkeit, kalt der Möglichkeit nach –, werden diese Dinge nunmehr viele Wirkungen aufeinander ausüben und voneinander erfahren. Alles wird ja sein zugleich von Natur Bewegendes und Bewegtes. Was also bewegt, (ist selbst auch) bewegt. Nun meinen einige, überhaupt alles Bewegende sei auch selber der Bewegung unterworfen, indessen, über diesen Punkt wird in anderen Zusammenhängen Klarheit erreicht werden, wie es sich damit verhält – es gibt nämlich etwas, das bewegt und selbst unbewegt ist –; fest steht: Die Verwirklichung des der Möglichkeit nach Seienden an einem Ding, das schon in der Wirklichkeit und tätig ist, nicht insofern es es selbst, sondern insofern es veränderbar ist, das ist Bewegung. Mit dem »insofern« meine ich dies: Es ist z. B. dieser Erzklumpen der Möglichkeit nach ein Standbild, trotzdem ist hier nicht das Zur-Wirklichkeit-Kommen des Erzes, insofern es Erz ist, die Bewegung; »Erz-sein« und »der-Möglichkeit-nach-etwas-sein« sind ja nicht dasselbe, indessen, wenn dies ohne weiteres und dem Begriffe nach dasselbe wäre, dann wäre hier das Zur-Wirklichkeit-Kommen des Erzes als Erz die Bewegung. Es ist aber, wie gesagt, nicht dasselbe – klar wird das an den Gegensätzen: »Gesundsein-können« und »Kranksein-können« sind verschieden, sonst wären ja auch »Kranksein und Gesundsein« dasselbe; das Zugrundeliegende hingegen, das da gesund oder krank ist – mag das der Flüssigkeitshaushalt sein oder die Blutzusammensetzung –, das ist ein und dasselbe. – Da sie nun also nicht dasselbe sind, so wie auch »Farbe« und »sichtbar« nicht dasselbe sind, so gilt also: Die Verwirklichung des Möglichen, insofern es möglich ist, das ist ganz offenkundig: *Bewegung.*

Daß dies also der Begriff davon ist und außerdem daß Bewegung genau dann stattfindet, wenn die Verwirklichung selbst sich vollzieht – und weder vorher noch nachher –, das ist klar. Ein jedes kann ja bald in Tätigkeit sein, bald auch nicht, z. B. etwas, woran man bauen kann; und die Tätigkeit an so einem Baubaren, insofern es eben baubar ist, das ist »Bauen« – diese tätige Verwirklichung heißt so entweder »Bauen« oder »Haus«; aber wenn es schon ein Haus ist, ist es nicht mehr baubar; man baut nur an etwas, das noch zu bauen ist, die tätige Verwirklichung muß also das Bauen sein –; Bauen ist aber eine Bewegung. Aber dieselbe Beweisführung ist passend auch bei allen anderen Fällen von Bewegung.

Daß das gut so gesagt ist, ergibt sich einerseits aus dem, was die Anderen über diesen Begriff zu sagen haben, andrerseits aus der Tatsache, daß andere Bestimmungen hierüber schwerlich zu treffen sind. »Bewegung« und »Wandel« kann man durchaus nicht in einer anderen Gattung anordnen, und das wird klar, wenn man sich einmal ansieht, wie einige sie so ansetzen, die da behaupten, »Andersheit« und »Ungleichheit« und »das Nichtseiende« sei die Bewegung; dadurch muß sich aber gar nichts bewegen, weder wenn etwas »anders« wäre, noch auch als »ungleiches« oder »nichtseiendes«. Und der Übergang in dieses oder aus diesem hat überhaupt keinen Vorrang vor dem aus dem jeweiligen Gegenteil. Ursache davon, daß man sie hier eingeordnet hat, ist die Tatsache, daß Bewegung etwas Unbestimmbares zu sein scheint, und die Prinzipien der einen Seite der Zuordnung sind es auf Grund ihrer Noch-nicht-Bestimmtheit auch: keins von ihnen ist ein »dieses« oder ein »solches« und gehört auch nicht den übrigen Grundaussagen (Kategorien) an.

Dafür, daß Bewegung unbestimmbar zu sein scheint, liegt die Ursache darin, daß man sie im Bereich des Seienden weder auf der Seite der Möglichkeit noch unter die wirkende Tätigkeit einordnen kann: weder, was ein »irgendwieviel« sein kann, verändert sich mit Notwendigkeit noch das, was schon wirklich ein »so-und-so-viel« ist, und Bewegung scheint zwar eine Art Wirksamkeit zu sein, aber eine noch nicht zu Ende gebrachte. Ursache davon ist: Noch unvollendet ist das Mögliche, dessen Verwirklichung sie ist.

Deswegen ist es schwierig, sie (die Bewegung) in dem zu fassen, was sie wirklich ist: Man müßte sie entweder unter »noch fehlende Bestimmtheit« setzen oder unter »Möglichkeit« oder unter »Wirklichkeit«, im strengen Sinn genommen; aber keins von diesen erweist sich offenbar als möglich. Bleibt also nur die beschriebene Weise, daß sie zwar eine Art Wirksamkeit ist, aber eine so geartete, wie oben gesagt, – schwierig auszumachen, doch möglich.

Es befindet sich auch alles in Bewegung, was in besagter Weise bewegt, was der Möglichkeit nach bewegt wird und dessen Bewegungslosigkeit »Ruhezustand« heißt – wovon »Bewegung« ausgesagt werden kann, dessen nicht vorhandene Bewegung heißt eben »Ruhe« –; die Einwirkung auf dieses, insofern es ein solches ist, ist eben das Bewegen. Dies tut es aber durch *Berührung,* also erleidet es zugleich auch etwas. Deswegen gilt: Bewegung ist Verwirklichung des Veränderbaren, sofern es veränderbar ist; dies geschieht aber durch Berührung mit dem Bewegenden, so daß also gleichzeitig auch dieses etwas erleidet.

Eine bestimmte *Form* aber wird das Bewegende je mitbringen, entweder ein »dieses« oder »solches« oder »so-und-so-vieles«, welche Grund und Ursache der Bewegung ist, dann wenn es sie in Bewegung setzt; z. B.: Der wirklich existierende Mensch bringt aus einem der Möglichkeit nach vorhandenen Menschen einen Menschen hervor.

Auch die umstrittene Vorstellung klärt sich nun, daß die Bewegung sich findet an dem der Möglichkeit nach Bewegten. Sie ist ja dessen Verwirklichung mittels des Bewegenden; und die Tätigkeit des Bewegenden ist ja keine andere als eben diese: es muß doch eine Verwirklichung *beider* sein. In der Lage, bewegen zu *können*, ist es auf Grund seiner Möglichkeit (dazu), bewegend ist es durch Tätigkeit; aber *tätig sein könnend* ist es nur in Beziehung auf ein Bewegliches; daher die Tätigkeit beider in ähnlicher Weise eine einzige ist, wie der Abstand »1 zu 2« derselbe ist wie der von »2 zu 1« oder das Verhältnis von »ansteigend« und »abschüssig« (bei einem Weg): das ist ja ein einziger Sachverhalt, allerdings der Begriff davon ist nicht einer. Ähnlich ist es nun auch mit Bewegtem und Bewegendem.

Das enthält nun noch eine sprachliche Schwierigkeit: Vielleicht muß es nämlich doch geben eine Tätigkeit des Tuenden und (davon unterschieden) eine des Leidenden; das eine wäre dann »Tun«, das andere »Leiden«, und Ergebnis und Ziel des einen wäre »Getätigtes«, des anderen »Erlittenes«. Da nun beides Bewegungen sind – und wenn sie doch unterschieden sein sollen –, *an wem* finden sie statt? Nun, entweder doch beide an dem Bewegung erleidenden Beweglichen oder das Tun am Tuenden, das Erleiden am Leidenden – wollte man auch dies wieder »Tun« nennen, dann wäre das ein Spiel mit gleichen Worten –. Aber nun, wenn dieses letztere: dann wird die Bewegung an dem Beweglichen stattfinden – denn bei Beweglichem und Bewegendem gilt doch das gleiche Verhältnis –, so daß also entweder gilt: *Alles* Bewegende befindet sich auch selbst in Bewegung, oder: Es hat zwar Bewegung an sich und wird doch nicht bewegt. Wenn, andrerseits, beides an dem Bewegenden und Bewegten stattfindet, sowohl das Tun wie auch das Erleiden, und so auch etwa sowohl die Belehrung wie auch das Lernen, die doch zwei Vorgänge sind, an dem Lernenden, dann wird, erstens, die Tätigkeit eines jeden nicht an jedem vorhanden sein, zweitens ist es unsinnig, daß zwei Bewegungen gleichzeitig ablaufen sollten: welche sollen sie denn sein, die *zwei* Veränderungen, an *einem* einzigen Gegenstand und auf eine *einzige* Form hin (stattfindend)? Das geht ja gar nicht. – (Einwand:) Aber die Tätigkeit soll eine einzige sein! – Dagegen: Es ist ja wohl undenkbar, wie zwei der Art nach verschiedene Dinge eine und dieselbe Tätigkeit ausüben sollen. Und das würde ja eintreten: Wenn »Belehrung« und »Lernen« dieselbe Tätigkeit sein sollen, und überhaupt »Tun« und »Leiden« auch, dann bedeutet auch »lehren« das gleiche wie »lernen« und »tun« das gleiche wie »leiden«; dann müßte ja notwendig der Lehrende alles lernen und das Tuende alles leiden.

Oder (gilt gegen das alles Folgendes?): Weder daß die Tätigkeit des einen an einem von ihm Verschiedenen sich vollzieht, ist eine unsinnige Annahme – »lehren« ist doch die Tätigkeit eines, der lehren kann, allerdings ausgeübt *an jemandem,* nicht abgeschnitten von aller Lebenswirklichkeit, sondern (es ist Tätigkeit) »dessen an dem« –, noch besteht irgendein Hinderungsgrund anzunehmen, daß die eine Tätigkeit zweier Leute dieselbe sei – nicht so, als wären sie begrifflich dasselbe, sondern so, wie das nur Mögliche im Vergleich zu dem Wirklichen zutrifft –, noch schließlich muß der Lehrende (selbst auch alles) lernen, auch dann nicht, wenn »tun« und »leiden« den gleichen Vorgang bezeichnen – dies allerdings nicht in dem Sinne, daß ihr Begriff, der die Wesensbestimmung angibt, ein einziger wäre, wie z. B. bei »Gewand« und »Kleid«, sondern so, wie der Weg von Theben nach Athen und der von Athen nach Theben der gleiche ist, wie auch schon früher gesagt ist. Es sind ja nicht alle Eigenschaften die gleichen, die dem, was nur so in etwa (untereinander) das gleiche ist, zukommen, sondern dies gilt nur für Gegenstände, deren ganzes Wesen miteinander gleich ist. Und schon gar nicht, auch wenn »Belehrung« und »Lernvorgang« denselben Vorgang beschreiben, ist lernen dasselbe wie lehren, so wie auch, wenn der Abstand zwischen zwei voneinander entfernten Punkten ein einziger ist, es nicht ein und dasselbe ist, die Entfernung von hier nach dort oder von dort nach hier beginnen zu lassen. Um es allgemein zu sagen: Weder ist »Belehrung« mit »Lernvorgang« noch »Tun« mit »Leiden« im eigentlichen Sinn identisch, sondern das ist nur jenes, dem diese beiden (als Aussagen) zukommen, der Begriff »Bewegung« selbst; denn (die beiden Sachverhalte), daß es Wirkung gibt *»dessen an dem«* und auch *»auf dies durch jenes«* sind dem Begriffe nach verschieden. Was nun also Bewegung wirklich ist, ist damit gesagt, sowohl im Allgemeinen wie im Einzelnen; es ist nämlich nicht mehr unklar, wie eine jede ihrer Arten wird festgelegt werden müssen: Veränderung z. B. ist die Verwirklichung dessen, was qualitativ veränderbar ist, insofern es eben dies ist. Des weiteren ist einsichtiger geworden die Verwirklichung des der Möglichkeit nach Wirkenden und des die Wirkung Erleidenden, insofern beides ein solches ist, auch hier wieder im Allgemeinen und im Einzelnen, sei es »Hausbau« oder »ärztliche Tätigkeit«. Auf gleiche Weise wird sich sprechen lassen auch über alle anderen Formen von Bewegung.

David Deutsch

Was ist Leben?

Seit altersher, bis ins 19. Jahrhundert hinein, hielt man es für selbstverständlich, daß eine besondere Kraft, ein »Lebensstoff« oder eine »Lebenskraft«, die Materie, aus der Lebewesen bestehen, von anderer unterscheidet. Man unterschied also zwei Formen von Materie, nämlich *belebte* und *unbelebte,* und schrieb ihnen völlig unterschiedliche physikalische Eigenschaften zu. Stellen wir uns beispielsweise einen Bären vor. Ein

Photo eines Bären hat eine gewisse Ähnlichkeit mit einem lebenden Bären, ebenso wie andere unbelebte Dinge, etwa ein toter Bär oder sogar das Sternbild des Großen Bären. Aber nur belebte Materie kann uns durch den Wald jagen, uns fangen und zerreißen. Unbelebte Dinge unternehmen nichts so Absichtsvolles, jedenfalls dachten die Menschen früher so. Sie hatten natürlich auch niemals eine ferngelenkte Rakete gesehen.

Für Aristoteles und andere antike Philosophen zeichnete sich belebte Materie vor allem durch ihre Fähigkeit aus, *Bewegung in Gang zu setzen.* Ruhende unbelebte Materie, etwa ein Stein, bleibt nach dieser Auffassung so lange unbewegt liegen, bis sie durch etwas in Bewegung versetzt wird. Belebte Materie aber, etwa ein Bär im Winterschlaf, kann in Ruhe sein und ohne äußeren Anstoß anfangen, sich zu bewegen. Diese Verallgemeinerungen lassen sich mit den Mitteln der modernen Wissenschaft leicht entkräften. Unserer Meinung nach beruht der bloße Gedanke, etwas »fange an, sich zu bewegen«, auf einem Mißverständnis, denn wir wissen, daß der Bär erwacht, weil in seinem Körper elektrochemische Prozesse ablaufen, die durch äußere »Anstöße«, wie etwa steigende Temperatur oder eine innere biologische Uhr, ausgelöst werden, die mit Hilfe langsamer chemischer Reaktionen die Zeit mißt. Chemische Reaktionen sind nichts anderes als die Bewegung von Atomen, deshalb ist der Bär niemals völlig in Ruhe. Andererseits kann ein Urankern, der sicherlich nicht lebendig ist, Milliarden Jahre lang unverändert sein und dann ohne jede äußere Einwirkung plötzlich und heftig zerfallen.

Die aristotelischen Gedanken sind heute wertlos, wenn man sie wörtlich nimmt. Aber Aristoteles hat einen wichtigen Punkt richtig verstanden, der im modernen Denken zumeist falsch verstanden wird. Indem er Leben mit einem physikalischen Grundbegriff verknüpfte, erkannte er die Tatsache an, daß Leben ein grundlegendes Naturphänomen ist.

Ein Phänomen muß dann »grundlegend« genannt werden, wenn es nötig ist, dieses Phänomen zu verstehen, bevor man die Welt hinreichend gut verstehen kann. Natürlich gehen die Meinungen darüber auseinander, welche Aspekte der Welt es wert sind, verstanden zu werden, und folglich herrscht auch keine Einigkeit darüber, was tief oder grundlegend bedeutet. Einige Menschen halten *Liebe* für die grundlegendste Naturerscheinung. Andere glauben, alles Verstehenswerte sei verstanden, wenn bestimmte heilige Texte verinnerlicht worden sind. Das Verständnis, das ich meine, findet seinen Ausdruck in den Naturgesetzen und in den Grundsätzen der Logik und der Philosophie. Ein Verständnis ist um so »tiefer«, je allgemeiner es ist, je mehr Verbindungen zwischen oberflächlich unterschiedlichen Wahrheiten es enthält, und je mehr es aufgrund von wenigen unerklärten Annahmen erklären kann. Die grundlegendsten Phänomene sind solche, die zur Erklärung vieler anderer Phänomene notwendig sind, selbst aber nur durch Grundgesetze und Grundsätze erklärt werden.

Nicht alle grundlegenden Phänomene haben große physikalische Wirkungen. Die Gravitation hat große Wirkungen und ist wirklich grundlegend. Die Quanteninterferenz aber (...) hatte unmittelbar keine großen direkten Auswirkungen. Es ist sogar ziemlich schwierig, sie auch nur eindeutig nachzuweisen. Trotzdem ist die Quanteninterferenz, wie wir sahen, ein grundlegendes Phänomen. Nur wenn wir sie verstehen, können wir die grundlegende Tatsache der physikalischen Wirklichkeit, nämlich die Existenz paralleler Universen, verstehen.

Für Aristoteles war es offensichtlich, daß das Leben theoretisch ein Grundphänomen ist *und* große physikalische Wirkungen hat. Wie wir sehen werden, hatte er recht. Aber er gab dafür die falschen Gründe an, nämlich die seiner Meinung nach offensichtlichen mechanischen Eigenschaften unbelebter Materie und die Tatsache, daß die Erdoberfläche von Lebensvorgängen beherrscht wird. Aristoteles meinte, das Weltall bestehe vor allem aus dem, was wir jetzt die Biosphäre (den das Leben enthaltenden Bereich) der Erde nennen, der oben und unten weitere Teile – die Himmelskugeln und das Erdinnere – angefügt sind. Wer die Biosphäre der Erde für den Hauptinhalt des Kosmos hält, hält Pflanzen und Tiere natürlich für mindestens so wichtig für das Gesamtsystem wie Steine und Sterne.

Die moderne Naturwissenschaft hat fast zum entgegengesetzten Schluß geführt. Zunächst machte die kopernikanische Revolution die Erde zum Begleiter einer zentralen, unbelebten Sonne, und spätere Entdeckungen in der Physik und Astronomie zeigten nicht nur, daß das Weltall im Vergleich mit der Erde riesig ist, sondern daß es unglaublich genau durch umfassende Gesetze beschrieben wird, in denen Leben gar keine Rolle spielt. Die Darwinsche Evolutionstheorie erklärte die Entwicklung des Lebens in einer Weise, die keine besondere Physik voraussetzt, und seitdem haben wir viele der grundlegendsten Lebensvorgänge entdeckt und durchschaut, und auch dort keine besondere Physik gefunden.

Diese aufsehenerregenden Erfolge der Naturwissenschaft und die große Allgemeingültigkeit insbesondere der Physik Newtons und seiner Nachfolger haben viel zur Anziehungskraft des Reduktionismus beigetragen. Seit sich der religiöse Glaube als mit der Vernunft unvereinbar erwies, sehnen sich viele Menschen nach einer letzten Begründung der Dinge, an die sie glauben können. Als ich in der Schule Biologie lernte, lief die vorherrschende Meinung im wesentlichen auf das Gegenteil dessen hinaus, was Aristoteles für offensichtlich gehalten hatte. Die wissenschaftliche Weltsicht wurde von der beschriebenen reduktivistischen Hierarchie beherrscht, das Leben also keineswegs für grundlegend gehalten; der Ausdruck »Naturkunde« als Lehre von der belebten Natur war also ein Anachronismus. Vielmehr war Natur im Grunde gleichbedeutend mit Physik.

Die Physik hatte ihrerseits einen Sprößling, die Chemie, die die Wechselwirkungen von Atomen untersuchte. Die Chemie hatte einen Sprößling, die organische Chemie, die sich mit den Eigenschaften von Kohlenstoffverbindungen beschäftigte. Die organische Chemie wiederum hatte einen Sprößling, die Biologie, die sich mit den chemischen Vorgängen beschäftigte, die wir Leben nennen. Dieser entfernte Sproß eines grundlegenden Fachs war für uns nur deshalb interessant, weil wir zufällig selbst ein solcher Prozeß sind. Die Physik dagegen galt selbstverständlich als Wissenschaft, die eigenes Interesse verdient, weil Weltall wie Lebensvorgänge ihren Grundsätzen gehorchen.

Meine Mitschüler und ich mußten eine Reihe von »Merkmalen für Lebewesen« auswendig lernen. Diese Merkmale waren rein beschreibend und bezogen sich kaum auf Grundbegriffe. Zugegeben, (Fort-)Bewegung war einer davon, aber auch *Atmung* und *Ausscheidung, Fortpflanzung, Wachstum* und *Reaktionsfähigkeit,* was sich darauf bezieht, daß das, was man stößt, zurückstößt. Was diesen mutmaßlichen Merkmalen des Lebens an Eleganz und Tiefe fehlte, machten sie nicht etwa an Genauigkeit wett. Wie Dr. Johnson uns gesagt hätte, ist jedes wirkliche Ding »reaktionsfähig«. Andererseits: Viren atmen nicht, sie wachsen nicht, sie scheiden nichts aus, und sie bewegen sich nicht. Und sterile Menschen reproduzieren sich nicht. Aber beide sind lebendig.

Weder der aristotelischen Sichtweise früher noch den Lehrern meiner Schule gelang es, auch nur eine brauchbare systematische Unterscheidung von lebenden und nichtlebenden Dingen zu liefern, geschweige denn tieferes Verständnis zu vermitteln, denn beide hatten nicht erfaßt, was Lebewesen ausmacht – ein Mangel, den wir Aristoteles leichter verzeihen, weil man es zu seiner Zeit nicht besser wußte. Die moderne Biologie versucht nicht, das Leben durch eine charakteristische physikalische Eigenschaft oder Substanz – einen Lebensstoff – zu definieren, mit dem nur belebte Materie ausgestattet ist. Wir meinen nicht mehr, daß es eine solche Substanz gibt, weil wir jetzt wissen, daß »belebte Materie«, also Materie in Form organischer Lebewesen, nicht Grundlage des Lebens ist, sondern nur eine seiner Auswirkungen. Die Grundlage des Lebens ist molekular. Leben beruht darauf, daß es *Moleküle gibt, die bestimmte Umwelten dazu bringen, Kopien dieser Moleküle herzustellen.*

Solche Moleküle werden *Replikatoren* genannt. Allgemeiner formuliert ist jede Größe, die gewisse Umwelten dazu veranlaßt, Kopien von sich herzustellen, ein Replikator. Nicht alle Replikatoren sind biologisch, und nicht alle Replikatoren sind Moleküle. So ist beispielsweise ein sich selbst kopierendes Computerprogramm (etwa ein »Computervirus«) ein Replikator. Auch ein guter Witz ist ein Replikator: Er bringt den, der ihn hört, dazu, ihn anderen Zuhörern zu erzählen. Richard Dawkins hat für menschliche Gedanken, die solcherart Replikatoren sind, den Ausdruck *Meme* geprägt. Alles irdische Leben jedoch basiert auf Replikatoren, die Moleküle sind. Sie heißen Gene, und die Biologie ist die Untersuchung des Ursprungs, der Struktur und der Wirkungsweise von Genen und ihrer Auswirkungen auf andere Materie.

Ein Gen besteht aus Folgen von vier kleineren Molekülen, die eine Kette bilden. Die Namen der Komponenten Adenin, Thymin, Guanin und Cytosin werden gewöhnlich mit A, T, G und C abgekürzt. (...) Der chemische Name für Moleküle mit dieser Struktur (Desoxyribonukleinsäure) wird mit DNA abgekürzt.

Gene sind eigentlich Computerprogramme, die als Folgen der Symbole A, T, G und C in einer Standardsprache geschrieben werden. Diese Sprache heißt *genetischer Code* und ist mit sehr kleinen Abwandlungen für alles irdische Leben gleich. Innerhalb der Zellen eines jeden Organismus führen spezielle Strukturen dazu, diese Programme auszuführen, indem sie unter gewissen äußeren Bedingungen bestimmte Chemikalien (Proteine) herstellen. (...) Auf molekularer Ebene kann ein Gen seinen Computer nur auf die Herstellung eines bestimmten chemischen Stoffs programmieren. Trotzdem schaffen es Gene, Replikatoren zu sein, weil sich diese einfachen chemischen Programme durch viele Schichten komplizierter Steuerungs- und Rückkopplungsverfahren auf höherem Niveau zu raffinierten Anweisungen zusammenfügen, die zum Kopieren von Genen und zur Herstellung anderer Organismen derselben Art führen, einschließlich der Teile, die alle diese Anweisungen als Computer der nächsten Generation ausführen. (...)

Ein Gen kann nur in gewissen Umwelten als Replikator wirken. Gelegentlich wird eine solche Umwelt als »Nische« des Replikators bezeichnet; wir wollen den Ausdruck Nische jedoch für die Menge aller möglichen Umwelten reservieren, die ein vorgegebener Replikator dazu veranlassen kann, Kopien des Replikators herzustellen. (...)

Nicht alles, was kopiert werden kann, ist ein Replikator. Ein Replikator *veranlaßt* seine Umwelt dazu, ihn zu kopieren. Er trägt also ursächlich zu seiner eigenen Kopie bei, ist aber keinesfalls der einzige, der einen Beitrag leistet. Sowohl das Vorhandensein wie auch die spezifische physikalische Form des Replikators sind folglich dafür *wesentlich,* ob eine Kopie hergestellt wird oder nicht. Der Replikator wird also kopiert, wenn er selbst zugegen ist, nicht aber, wenn ihn ein anderer, auch sehr ähnlicher, Körper ersetzt. (...)

Man nimmt an, daß in der DNA der meisten Organismen außer Genen auch Zufallsfolgen der A, T, G und C vorkommen. Sie werden ebenfalls kopiert und an die Nachkommen weitergegeben. Eine solche Folge wird auch dann kopiert, wenn sie durch fast jede andere Folge ähnlicher Länge ersetzt wird. Beim Kopieren solcher Folgen kommt es also nicht auf die spezifische Form an. Obwohl auch solche Folgen kopiert werden, tragen sie nicht ursächlich zu ihren eigenen Kopien bei, sind also keine Replikatoren.

Genaugenommen ist das eine Übertreibung. Alles, was tatsächlich kopiert wird, muß *irgendeinen* ursächlichen Beitrag zu diesem Kopieren geleistet haben. Zufallsfolgen von DNA bestehen ja zumindest auch aus DNA, was es dem Zell-Computer erlaubt, sie zu kopieren. Er kann keine anderen als DNA-Moleküle kopieren. Es bringt gewöhnlich wenig, etwas als Replikator zu bezeichnen, dessen ursächlicher Beitrag zu seiner eigenen Replikation gering ist, obwohl es strenggenommen eine Frage der Ausprägung ist, ob etwas ein Replikator ist oder nicht. Der Grad, in dem ein Replikator ursächlich in einer gegebenen Umwelt zu seiner eigenen Replikation beiträgt, heißt *Anpassungsgrad* des Replikators an die Umwelt. (...)

Der Grad der Anpassung eines Replikators hängt nicht nur davon ab, was dieser Replikator in seiner tatsächlichen Umwelt leistet, sondern auch davon, was ungeheuer viele andere Dinge, von denen es die meisten gar nicht gibt, in sehr vielen Umwelten, die anders sind als die tatsächliche, tun würden. (...) Die Genauigkeit einer Wirklichkeitssimulation hängt nicht nur davon ab, wie der Simulator auf die Handlungen des Rezipienten reagiert, sondern auch von den Reaktionen, die er nicht ausführt, wie er also auf das reagiert, was der Rezipient nicht tut. Diese Ähnlichkeit zwischen Lebensvorgängen und virtueller Realität ist nun beileibe kein Zufall.

Die Nische eines Gens wird üblicherweise vor allem dadurch bestimmt, wie abhängig die Replikation des Gens vom Vorliegen anderer Gene ist. Die Replikation des Insulin-Gens etwa hängt also nicht nur davon ab, daß im Körper alle anderen menschlichen Gene vorhanden sind, sondern auch davon, daß es in der Umgebung Gene anderer Organismen gibt. Menschen können nicht ohne Nahrung überleben, und die Gene zur Herstellung dieser Nahrung gibt es nur in anderen Organismen.

Andere Arten von Genen, die für ihre Vermehrung auf Kooperation angewiesen sind, finden sich oft in langen DNA-Ketten, der DNA eines *Organismus.* Ein Organismus ist etwas, das wir uns in der Umgangssprache gewöhnlich als lebendig vorstellen. Aber es folgt aus dem Gesagten, daß wir den Begriff »lebendig« auf andere Teile eines Organismus als auf seine DNA bestenfalls aus Höflichkeit anwenden können. Ein Organismus ist kein Replikator. Er ist Teil der Umwelt von Replikatoren – nach den Genen gewöhnlich der wichtigste Teil. Die übrige Umwelt ist die Umgebung, die der Organismus besetzen kann (ob Berggipfel oder Meeresgrund), und der besondere Lebensstil in dieser Umgebung (ob er Nahrung jagt oder sie filtriert), der es ihm ermöglicht, lange genug zu leben, damit seine Gene repliziert werden können.

Gewöhnlich sprechen wir von der »Fortpflanzung« der Organismen und halten sie für ein »Merkmal von Lebewesen«. Wir stellen uns also Organismen als Replikatoren vor. Aber das ist ungenau. Nicht Organismen werden bei der Reproduktion kopiert, und erst recht verursachen sie nicht ihre eigene Kopie. Sie werden nach Bauplänen, die in der DNA ihrer Eltern verkörpert sind, neu gebaut. Wenn beispielsweise die Nasenform eines Bären bei einem Unfall verändert wird, kann das den Lebensstil dieses bestimmten Bären verändern und seine Überlebenschancen und seine Fähigkeit zur »Selbstreplikation« beeinflussen. Aber der Bär mit der neuen Nasenform hat keine Chance, *kopiert* zu werden. Falls er Nachkommen hat, werden sie alle Nasen haben, die seiner ursprünglichen gleichen. Wenn man aber an dem entsprechenden Gen eine geeignete Veränderung anbringt (direkt nach der Zeugung müßte man nur ein einziges Molekül verändern), haben alle Nachkommen nicht nur die neue Nasenform, sondern auch Kopien des neuen Gens. Dies zeigt, daß die Form der Bärennase allein keinen ursächlichen Beitrag zur Nase der Nachkommen liefert. Aber die

Form der Gene des Bären trägt sowohl zur Form ihrer eigenen Kopie als auch zur Nasenform des Bären und seiner Nachkommen bei.

Ein Organismus ist also die unmittelbare Umwelt, die die wirklichen Replikatoren, die Gene des Organismus, kopiert. Traditionell hätte man eine Bärennase als lebendig und seine Höhle als nicht lebendig beschrieben. Doch diese Unterscheidung beruht auf keinem grundlegenden Unterschied. Die Bärennase spielt grundsätzlich keine andere Rolle als seine Höhle. Beide sind keine Replikatoren, obwohl fortwährend neue hergestellt werden. Sowohl die Nase als auch die Höhle sind lediglich Teile der Umwelt, die die Gene des Bären im Lauf der eigenen Replikation manipulieren.

(...)

Kehren wir zu der Frage zurück, ob das Leben ein Grundphänomen der Natur ist. Anscheinend deutet alles darauf hin, daß es lediglich eine Begleiterscheinung in einer langen Reihe von Begleiterscheinungen darstellt. Denn nicht nur die Vorhersagen der Biologie, sondern oberflächlich gesehen auch die Erklärungen reduzieren sich im Prinzip auf die Physik. Die erklärenden Theorien Darwins (in modernen Fassungen wie der von Dawkins) und der modernen Biochemie sind reduktiv. Lebende Moleküle – Gene – sind lediglich Moleküle und gehorchen denselben Naturgesetzen wie unbelebte. Sie enthalten keine besondere Substanz und haben auch keine besonderen physikalischen Eigenschaften. Sie sind nur unter gewissen Umweltbedingungen zufällig Replikatoren. Die Eigenschaft, ein Replikator zu sein, ist in hohem Maße *kontextabhängig* – sie hängt also von verzwickten Einzelheiten der Umwelt des Replikators ab, und deshalb kann etwas in einer Umwelt ein Replikator sein und in einer anderen nicht. Auch die Eigenschaft, an eine Nische angepaßt zu sein, hängt nicht von einer einfachen intrinsisch physikalischen Eigenschaft ab, die dem Replikator zu einem bestimmten Zeitpunkt gerade zukommt, sondern von Wirkungen, die er in Zukunft auslösen kann – und noch dazu unter hypothetischen Umständen (also in Varianten der Umwelt). Kontextabhängige und hypothetische Eigenschaften sind im wesentlichen hergeleitet, deshalb läßt sich schwer einsehen, wie ein nur durch solche Eigenschaften gekennzeichnetes Phänomen ein Grundphänomen sein könnte.

Für die physikalischen Auswirkungen des Lebens kommen wir zu demselben Schluß: Die Auswirkungen des Lebens sind anscheinend vernachlässigbar klein. So weit wir wissen, ist der Planet Erde der einzige Ort im Weltall, an dem es Leben gibt. Wir haben keine Hinweise darauf, daß es anderswo vorliegt, so daß seine Wirkungen selbst dann, wenn es weitverbreitet ist, zu klein sind, um für uns wahrnehmbar zu sein. Was wir sehen, wenn wir über die Erde hinausschauen, ist ein aktives Weltall, übervoll mit vielfältigen, aber vollkommen unbelebten Vorgängen. Galaxien drehen sich, Sterne bilden sich, leuchten, flakkern, explodieren und kollabieren. Hochenergetische Teilchen und elektromagnetische und Gravitationsstrahlung strömen in alle Richtungen. Ob es unter all diesen gewaltigen Vorgängen Leben gibt oder nicht, scheint keinen Unterschied zu machen. Anscheinend verliefe keiner der Vorgänge im geringsten anders, falls es dort Leben gäbe. Wenn die Erde in einer Sonnenfackel steckte, die astrophysikalisch gesehen ein unbedeutendes Ereignis darstellt, würde unsere Biosphäre augenblicklich sterilisiert, und diese Katastrophe hätte so wenig Auswirkung auf die Fackel wie ein Regentropfen auf einen ausbrechenden Vulkan. Unsere Biosphäre macht aufgrund ihrer Masse, Energie oder ähnlicher Maße nur einen vernachlässigbaren Bruchteil der Erde aus, die selbst ein vernachlässigbarer Bruchteil des Sonnensystems ist. Astrophysiker sagen manchmal, das Sonnensystem bestehe »aus Sonne und Jupiter – und kleinen Unreinheiten«. Die Sonne wiederum ist nur ein kleiner Stern am Rand eines Spiralnebels mit hundert Milliarden Sternen, den wir Milchstraße nennen, und diese unsere Galaxis ist unter den hundert Milliarden Galaxien im bekannten Universum völlig unauffällig und nur eine von vielen. Es scheint also, wie es Stephen Hawking in seiner unnachahmlichen Art formulierte, daß »die Menschheit nur ein chemischer Schaum auf einem mittelgroßen Planeten ist, der einen sehr mittelmäßigen Stern umkreist, der sich im Außenbereich einer von hundertmilliarden Galaxien befindet«.

Tim Joseph

Am Anfang war Aristoteles

Am Anfang, da war Aristoteles,
und ruhende Objekte neigten dazu, weiter zu ruhen,
und bewegte Objekte neigten dazu, zur Ruhe zu kommen,
und bald kamen alle Objekte zur Ruhe,
und Gott sah, daß dies langweilig war.

Dann erschuf Gott Newton,
und ruhende Objekte neigten dazu, weiter zu ruhen,
und bewegte Objekte neigten dazu, in Bewegung zu bleiben,
und Energie wurde erhalten, und Bewegung wurde erhalten,
und Materie wurde erhalten,
und Gott sah, daß dies konservativ war.

Dann erschuf Gott Einstein,
und alles war relativ,
und schnelle Objekte wurden kurz,

und gerade Objekte wurden gekrümmt,
und das Universum war voller Trägheitsmomente,
und Gott sah, daß dies relativ allgemein,
einiges aber speziell relativ war.

Dann erschuf Gott Bohr,
und da war das Prinzip,
und das Prinzip war das Quant,
und alle Objekte wurden quantifiziert,
aber einige Objekte waren immer noch relativ,
und Gott sah, daß dies verwirrend war.

Dann wollte Gott Furgeson erschaffen,
und Furgeson hätte vereinheitlicht,
und er hätte eine Theorie ins Feld geführt,
und alles wäre eins gewesen,
aber es war der siebte Tag,
und Gott ruhte,
und ruhende Objekte neigen dazu, weiter zu ruhen.

Michael Hauskeller

Ich denke, aber bin ich?

Ich denke, also bin ich, schrieb Descartes in der festen Überzeugung, damit etwas gefunden zu haben, das unter keinen vorstellbaren Umständen falsch sein könne. Auch wenn alles andere zunächst zweifelhaft sein mag, so können wir doch niemals an unserer eigenen Existenz zweifeln, weil diese sich noch im Akt des Zweifelns bestätigt. Wer zweifelt, muß notwendig existieren, denn existierte er nicht, könnte er nicht zweifeln. Also wissen wir doch, daß wir existieren. In der Selbstbeglaubigung der Existenz stößt der radikale Zweifel an seine Grenzen, so daß wir mit ihr über eine gesicherte Grundlage verfügen, von der aus sich neues, diesmal unanfechtbares Wissen aufbauen lasse. Daß sich diese Hoffnung Descartes' nicht erfüllt hat, spricht nicht unbedingt gegen die Gesichertheit der Grundlage. Aber ist diese wirklich so sicher, wie Descartes geglaubt hatte?

Die These, daß sich sinnvoll auch noch an der eigenen Existenz zweifeln lasse, daß auch diese eine bloße Illusion sein könne, vertrat der aus Spanien stammende amerikanische Dichter, Romancier und Philosoph George Santayana (1863–1952). In einem 1923 erschienenen Buch über ›Scepticism and Animal Faith‹, Skeptizismus und animalischer Glaube, nahm er sich vor, wie Descartes dreihundert Jahre zuvor, den Skeptizismus so weit zu treiben, wie es logisch möglich ist. Das hieß aber für Santayana, anders als für Descartes, den Zweifel auch auf die eigene Existenz auszudehnen. Wie Bertrand Russell hebt auch Santayana zunächst hervor, daß die Welt mit sämtlichen Erinnerungen erst vor kurzem, vielleicht erst in diesem Augenblick, entstanden sein könne, so daß es in Wahrheit überhaupt keine Vergangenheit gäbe. Die Vergangenheit erscheint uns ja niemals unmittelbar als solche, sondern immer nur mittelbar in der Gegenwart, nämlich als Erinnerung oder als materielle Spur einer angenommenen Entwicklungsgeschichte. Das heißt auch, daß Veränderungen nicht unmittelbar erfahren werden, da eine Veränderung beinhaltet, daß ein Zustand aus der Gegenwart in die Vergangenheit rückt, um einem anderen Platz zu machen. Jede Veränderung, jede Bewegung, jeder Wechsel ist somit niemals Gegenstand direkter Beobachtung, sondern immer Gegenstand eines nicht rational begründeten, instinktiven Glaubens, den Santayana darum »animalisch« nennt. Daraus folgt aber, daß der Solipsist, der sich allein für wirklich hält, der die Existenz einer äußeren Welt leugnet oder wenigstens bezweifelt und dabei glaubt, ausschließlich seiner eigenen zeitlichen Existenz sicher sein zu können, daß ein solcher Solipsist hoffnungslos inkonsequent ist. Konsequent ist der Solipsismus nur dann, wenn er sich als *Solipsismus des gegenwärtigen Augenblickes* versteht. Das heißt, daß wir uns nur des in der Gegenwart unmittelbar Gegebenen absolut sicher sein können.

Nun gehört aber zu diesem Gegebenen niemals die Existenz. Allenfalls mögen wir das Gegebene als *Zeichen* eines Existierenden interpretieren, wie wir es ja gewöhnlich auch tun. Aber das Gegebene selbst existiert nicht. Das läßt sich natürlich nur sagen, wenn man Existenz nicht mit Sein oder Gegebensein gleichsetzt. Existenz muß hier verstanden werden als eine gewisse ausgezeichnete Seinsart neben anderen. In diesem Fall gibt es Seiendes, das nicht existiert, und dazu gehört das Gegebene. Warum aber sollte das Gegebene nicht auch als existierend verstanden werden? Weil Existenz auch im landläufigen Verständnis mehr umfaßt als nur Gegebensein. Das Existierende unterscheidet sich von dem nur scheinbar Existierenden, von dem, was *bloß* erscheint, und zwar so, daß es die Erscheinung transzendiert, daß es mehr ist als das Erscheinende. Nicht die Erscheinung existiert, sondern das, was in ihr und durch sie erscheint oder zur Erscheinung kommt, und wenn es nichts dergleichen gibt, also nichts *hinter* der Erscheinung gibt, dann gibt es auch nichts, von dem sich sinnvoll sagen ließe, daß es existiere. So verstanden schließen sich Existenz und Schein aus. So wenig wie das Wiesel und das Kamel reale Existenz besitzen, die Shakespeares Hamlet in einer Wolke erblickt, so wenig existieren auch die Daten unserer Wahrnehmung und unseres Denkens in dem Augenblick, in dem sie erlebt werden. Zu existieren bedeutet nämlich, in äußeren räumlichen und zeitlichen Relationen zu stehen und wirklicher Veränderung unterworfen zu sein. Das Gegebene existiert nicht, weil es im Augenblick seines Gegebenseins keinen Ort und keine Zeit hat. Eine Zeit kann ihm erst dann zugeordnet werden, wenn es bereits nicht mehr gegeben ist. Seine Existenz kann also allenfalls im Rückblick postuliert werden und ist dann nicht etwa die unzweifelhaft feststehende Existenz des Gegebenen, sondern die *angenommene* Existenz desjenigen, von dem wir *glauben,* daß es einmal gegeben war. Dem *jetzt* Gegebenen jedoch werden wir, mögen wir auch noch so genau hinsehen, niemals das Geständnis seiner Existenz abringen.

Darum verbürgt auch der Umstand, daß ich etwas denke, noch nicht meine Existenz im eigentlichen Sinne. Ich kann auch denken, ohne zu existieren, das heißt, es kann auch Denken geben ohne einen Denker. Denn ich selbst bin mir ja gar nicht als derjenige, der denkt, als Subjekt des Denkens gegeben, sondern, wenn überhaupt, dann immer nur als Gedachtes, als Objekt des Denkens. Vielleicht existiere ich, aber das kann ich nicht wissen. Nach allem, was ich *weiß,* hat vielleicht überhaupt nichts jemals existiert! Es ist möglich, daß die Ansichten der Philosophen nicht an sich existieren, sondern nur in der Geschichte, die Geschichte wiederum nur im Historiker, der Historiker nur im Leser, und der Leser selbst nur für sein eigenes Bewußtsein, das nicht wirklich sein eigenes ist, sondern absolutes Bewußtsein, das ihn denkt. An die Existenz, auch an die eigene, läßt sich folglich nur *glauben,* sie ist als solche nicht erkennbar. »Der Glaube an die Existenz von irgend etwas, einschließlich meiner selbst, kann unmöglich als wahr erwiesen werden und beruht, wie jeder Glaube, auf einer irrationalen Überredung oder Eingebung des Lebens.« Der Glaube an die Existenz ist also *animal faith,* animalischer Glaube.

Dieser animalische Glaube freilich ist so stark, daß es schier unmöglich ist, sich des Glaubens an die Existenz zu enthalten, auch wenn eine solche Position nicht inkonsistent wäre. Unsere

Vorstellungen drängen sich uns als Zeichen von Dingen auf, so daß wir nicht umhin können, in entsprechender Weise zu handeln. Die Nötigung zum Glauben geht aber nicht aus von dem, was uns gegeben ist, sondern entspringt aus unserer Tiernatur, also aus der Tatsache, daß wir nicht reine Geister sind, sondern leibbehaftete Lebewesen. Da wir aber nun einmal diese Natur haben, kann der Skeptizismus nie mehr sein als eine Übung. Er kann kein Leben werden, denn den Hang zum Dogma wird man als Mensch niemals ganz los.

Was wir aber durch die Übung des radikalen Skeptizismus gewinnen, ist das »Reich der Wesenheiten (Realm of essences)«. Wesenheit nennt Santayana das, was uns unmittelbar gegeben ist. Wesenheiten existieren nicht, aber sie sind deshalb doch nicht nichts, so wenig wie die Vergangenheit oder die Zukunft nichts sind. Wesenheiten sind reine Möglichkeiten des Seins. Zusammen bilden sie einen Katalog aller Eigenschaften, die existierende Dinge besitzen und die andere Dinge besäßen, wenn sie existieren würden oder könnten. Es ist die unerschöpfliche Summe aller benennbaren Gegenstände, alles, was irgendwie gegeben sein kann, jede Qualität des Seins, einschließlich dessen, was niemals existieren, aber doch gedacht werden kann. So gehören zu den Wesenheiten beispielsweise nicht nur die sehr hohen natürlichen Zahlen, an die nie jemand gedacht hat und nie jemand denken wird, sondern auch unmögliche Gegenstände wie runde Quadrate. Das Reich der Wesenheiten ähnelt dem platonischen Reich der Ideen, nur daß die Wesenheiten Santayanas vollkommen passiv sind und hierarchisch nicht geordnet. Keine Wesenheit ist höher oder fundamentaler als eine andere. Sie erklären nichts und verursachen nichts. Sie sind lediglich da und in dem, was sie jeweils sind, absolut unbezweifelbar.

Der Skeptizismus macht den Weg frei für die Wesensschau, für die staunende Betrachtung des Nicht-Existenten und für den Reichtum der Möglichkeiten, und darin finden wir, wie Santayana sagt, »eine sehr süße und wunderbare Einsamkeit«. Im Bewußtsein, daß eigentliches Wissen – Wissen, das hinter die Erscheinungen und zur Existenz vordringt – unmöglich ist, gewinnen wir mehr als wir verlieren, nämlich poetische Freiheit. Was wir vormals zu erkennen meinten, beruht ja auf einem schöpferischen Akt, und indem wir die Illusion als solche durchschauen, vermag sie uns nicht mehr zu täuschen. Wir sehen nun, daß das, was wir unmittelbar erfahren, immer nur die Masken der Existenz sind, und was wir Tatsachen nennen, nur konventionelle Fiktionen. Wir stellen uns gewissermaßen vor, wie Tatsachen aussähen, wenn Tatsachen möglich wären. Aber wir können sie uns auch anders vorstellen. Zwar ist anzunehmen, daß unsere Fiktionen einen Bezug zur Wirklichkeit haben, aber wir wissen nicht, welchen. Die Art, wie uns die Dinge erscheinen, ist nicht zwingend, sie ist nur die unserer menschlichen Natur angemessene Art und insofern eine freundliche Fiktion. Sie erleichtert uns das Leben. Auch die Wissenschaft kommt über bloße menschliche Ansichten nicht hinaus. Andere Systeme mögen aber genauso gut die wahren Verhältnisse der Dinge zum Ausdruck bringen wie das unsere. Die Welt, wie sie sich uns darstellt, ist nicht mehr und nicht weniger als ein poetisches Meisterstück, und sein Schöpfer ist der menschliche Geist, der wie eine Sprache oder Musik ist, deren Regeln willkürlich sind wie die Regeln eines Spiels. Die Natur, sagt Santayana, hat uns zu Dichtern gemacht, und sie hat uns nicht verboten, uns daran zu freuen oder sogar stolz darauf zu sein. »Während das Leben dauert, ist der Weg frei für unschuldige Poesie und unendliche Hypothesenbildung, die weder als trügerisch eingestuft werden kann noch das Herz versklavt.«

Fred Adams

Jenseits des Lebens

Das Leben scheint die Krönung unseres physikalischen Universums zu sein, zumindest bislang. Wenn das Leben die höchste Entwicklung ist, dann ist die Suche nach seinen Ursprüngen die höchste Form wissenschaftlicher Betätigung. Aus der erweiterten Perspektive, die uns der kosmologische Standpunkt gewährt, erscheint diese Sicht der Dinge jedoch ziemlich phantasielos. Die aufsteigende Kette der kosmischen Entstehungsgeschichte, vom Urknall zum Leben, könnte sich im Prinzip zu immer höheren Ebenen der Komplexität fortsetzen. Bedenkt man, wie begrenzt die Fähigkeiten des menschlichen Gehirns sind, läßt sich kaum ausmalen, wie der nächste Schritt in dieser Folge aussehen könnte. Ein höheres Komplexitätsniveau würde fast definitionsgemäß unser gegenwärtiges Vorstellungsvermögen überschreiten – versuchen Sie, sich eine Farbe zu vergegenwärtigen, die es nicht gibt. Doch ungeachtet der natürlichen Schwierigkeiten, die wir haben, uns die Möglichkeiten zu vergegenwärtigen, könnte die Überwindung der biologischen Einschränkungen, denen das Leben unterliegt, das nächste Kapitel in dieser Schöpfungsgeschichte sein.

In vielerlei Hinsicht gelangen die Menschen schon über das Leben hinaus. Die Menschheit hat gelernt, Werkzeuge aller Art zu verwenden, und diese Freiheit gestattet uns, Wege einzuschlagen, die primitiveren Arten verschlossen waren. Die Raumfahrt ist eine dieser Möglichkeiten. Wir haben ein weltweites Kommunikationsnetz zur Informationsübertragung geschaffen. Wenn unsere biologischen Organe versagen, können wir sie durch künstliche ersetzen. In naher Zukunft werden wir unter Umständen in der Lage sein, die Leistungsfähigkeit unserer Gehirne zu erhöhen, indem wir sie mit Hilfe von Computerprozessoren direkt ans Internet oder an andere Gehirne anschließen. In diesem futuristischen Szenario müßten wir nur an etwas denken, und die Information würde uns augenblicklich zur Verfügung stehen.

Wenn wir den gegenwärtigen Stand der Technik extrapolieren, ist nicht undenkbar, daß uns eines Tages die gentechnische Möglichkeit zur Verfügung steht, neue Organe zu erzeugen, die in ihrer Leistung so robust sind, daß alle Implantationen überflüssig sind. Diese neuen Fähigkeiten könnten wir in unseren Genen verschlüsseln und an unsere Nachkommen vererben. Zwar werden sich viele Menschen wahrscheinlich gegen derartige Veränderungen unserer genetischen Ausstattung wehren, doch wenn sich reale evolutionäre Vorteile durch eine solche Veränderung der Gene erzielen lassen, könnte sich diese Form intentionaler Evolution am Ende durchsetzen. Und die Aussichten müssen durchaus nicht düster sein. Der menschliche Geist, der einen solchen Aufstieg vollbracht hat, von der Nutzung des Feuers bis zur Landung auf dem Mond, würde zweifellos auch diese technischen Entwicklungen beseelen.

Unser Planet hat für die Erzeugung der ersten Organismen einige hundert Millionen Jahre gebraucht, und die daraus resultierenden primitiven Lebensformen brauchten weitere fast vier Milliarden Jahre, um sich zu uns, den Menschen, zu entwikkeln. Im Gegensatz zum langsamen Fortschritt der natürlichen Evolution, der sich notwendigerweise durch Zufallsvariationen vollzieht, würde eine gezielte Evolution sehr viel rascher vonstatten gehen. Mit dem beschleunigten Tempo einer gesteuerten Evolution und noch vielen Billionen Jahren Sternenlicht vor uns, eröffnen sich schwindelerregende Möglichkeiten für die weitere Entwicklung.

In dem Maße, wie sich die Menschen durch Kommunikationsnetze und andere Mittel enger zusammenschließen, könnte der Einzelne an Bedeutung verlieren, bis er nicht mehr wichtiger ist als die einzelne Zelle in unserem menschlichen Gehirn. Im Zuge der künstlichen Evolution – und der zunehmenden Vernetzung von Individuen – könnte das Netzwerk selbst ein kollektives Bewußtsein entwickeln. Dieses Konzept geht weit über das der Kultur oder Organisationen hinaus, in denen das Denken von Individuen geleistet wird, die interagieren und sich zusammenschließen, um ihre Wirksamkeit zu erhöhen. Das »Denken«, das dieses hypothetische Netzwerk leisten würde, könnte das gesamte Netz auf einmal nutzen und auf diese Weise »neue Gedanken denken«, die weit über die tiefsten Gedanken hinausgehen, zu denen wir mit unseren begrenzten menschlichen Gehirnen fähig sind.

Solche Netzwerke würden zunehmende Stabilität und Überlebensfähigkeit für unsere Spielart des »Lebens« bedeuten, obwohl die Definition von Leben sicherlich entsprechend abgeändert werden müßte. Wie es heute schwierig wäre, das Internet zu schließen oder auch nur seinen Informationsfluß zu kontrollieren, so wäre dieses verteilte Bewußtsein gegen lokale Störungen immun. Mit der weiteren Entwicklung des Netzes könnten spezialisierte Organismen entwickelt werden, die die Aufgabe hätten, bestimmte, für das Ganze erforderliche Aufgaben auszuführen.

Gelangte dieser evolutionäre Prozeß bis an sein logisches Extrem, würden alle Unterschiede zwischen dem kollektiven Bewußtsein, den individuellen Teilen des Ganzen und dem astronomischen Hintergrund aufgehoben. Das ganze Universum würde nicht nur in gewisser Weise lebendig werden, sondern auch bewußt. Nach diesem radikalen Zukunftsentwurf wäre der Kosmos sowohl allgegenwärtig als auch allwissend. Nur allmächtig wäre dieses lebendige Universum nicht, aber es hätte doch seine Autorität und seinen Einfluß weitgehend maximiert.

Diese Spekulation ist nicht als bestimmte Zukunftsvorhersage gemeint, sondern soll nur einen möglichen Weg der kosmischen Entwicklung über die Grenzen des gewöhnlichen Lebens hinaus skizzieren. Da die Forschung noch immer daran arbeitet, die Entstehung des Lebens richtig zu verstehen, mag das Kopfzerbrechen über diesen nächsten Schritt verfrüht erscheinen. Doch bedenkt man, welch enorme Ressourcen und welch enorme Zeitspannen dem Universum in Zukunft noch zur Verfügung stehen, wäre die Annahme naiv, daß die Evolution bereits abgeschlossen ist. Wir sollten den Mut haben, die möglicherweise verwirrende, aber letztlich ermutigende Frage zu stellen: Was kommt als nächstes?

Heinrich Heine

Schöpfungslieder

I.

Im Beginn schuf Gott die Sonne,
Dann die nächtlichen Gestirne;
Hierauf schuf er auch die Ochsen
Aus dem Schweiße seiner Stirne.

Später schuf er wilde Bestien,
Löwen mit den grimmen Tatzen;
Nach des Löwen Ebenbilde
Schuf er hübsche kleine Katzen.

Zur Bevölkerung der Wildnis
Ward hernach der Mensch erschaffen;
Nach des Menschen holdem Bildnis
Schuf er intressante Affen.

Satan sah dem zu und lachte;
Ei, der Herr kopiert sich selber!
Nach dem Bilde seiner Ochsen
Macht er noch am Ende Kälber!

II.

Und der Gott sprach zu dem Teufel:
Ich der Herr kopier mich selber,
Nach der Sonne mach ich Sterne,
Nach den Ochsen mach ich Kälber,
Nach den Löwen mit den Tatzen
Mach ich kleine liebe Katzen,
Nach den Menschen mach ich Affen;
Aber du kannst gar nichts schaffen.

Frieder Lauxmann

Das Ende mit Adam und Eva

Der Mensch beginnt mit der Fähigkeit zu Irrtum und Ungehorsam

»... aber von dem Baum der Erkenntnis des Guten und Bösen sollst du nicht essen.«
1. Mose 2,16

Das Ende mit Adam und Eva? Mit ihnen soll doch alles angefangen haben, stimmt denn nicht das Gegenteil? Diese beiden haben ein zähes Leben, sie werden leben bis ans Ende der Menschheit. Wie diese Behauptung zustandekommt, ist leicht zu erklären. Bei der Geschichte vom Paradies handelt es sich um einen Mythos, nicht um einen Tatsachenbericht. Einen Mythos erkennt man daran, daß das, was man erzählt, wesentlicher und wahrer ist als das, was man wissen könnte, wenn man es wüßte. Das hat den Vorteil, daß die Wahrheit einer solchen Geschichte zeitlos ist. Mythische Helden sind unsterblich und was sie zu sagen haben, gilt für alle Zeiten.

Mythen vom Anfang der Welt gibt es in allen Völkern und Kulturen, sie alle versuchen, dem größten aller Rätsel auf ihre Weise in erzählter Form auf die Spur zu kommen. Wir ersparen uns die Geschichten vom Weltenei, von der Urschlange, vom Kampf der Götter und Helden am Weltbeginn und vielen Abenteuern, die es sonst noch gegeben hat, als die Welt geschaffen wurde. Keine dieser Erzählungen hat die religiöse und philosophische Tiefe wie die Schrift des so genannten Jahvisten, deren Inhalt aus Judäa, etwa aus dem 10. bis 8. vorchristlichen Jahrhundert stammt. Sie ist unabhängig von der mindestens zweihundert Jahre späteren Darstellung des Elohisten, der die Schöpfung auf sieben Tage reduziert. Die unterschiedliche Benennung der anonymen Schreiber rührt daher, daß im hebräischen Text der eine Gott mit Jahve, der andere mit Elohim bezeichnete. Bei der Redaktion und Zusammenstellung der biblischen Bücher wurden die beiden Geschichten aneinandergefügt, obwohl sie völlig verschiedene Ansatzpunkte haben.

Die Geschichte der ersten Menschen im Paradies hat manches, was uns heute nicht mehr unmittelbar berührt. Daß Eva aus einer Rippe Adams hergestellt wurde, mag einiges sagen, auch daß Adam mit hundertdreißig Jahren noch einen Sohn zeugte, Seth, übrigens nicht das letzte Kind des begnadeten Paars, mag eine beachtliche Leistung sein, vor allem auch im Hinblick auf die fast gleich alte Eva, und daß Adam schließlich erst mit 930 Jahren gestorben sein soll, läßt ungläubig staunen, doch das betrifft uns kaum noch. Wir erhitzen unsere Gemüter auch längst nicht mehr über die Frage, ob denn Adam und Eva einen Nabel hatten oder nicht. Von wem sollte denn die Nabelschnur stammen? Zum Glück haben die Maler sich nicht an solche Kleinigkeiten gehalten. Soweit nicht die Haare der Eva so lang gezeigt wurden, daß sie Bauch und Scham bedeckten, zeigten die alten Meister das paradiesische Paar als komplette Menschen. Würde man die Geschichte vom Paradies historisch verstehen, als einmaliges, ziemlich kurioses Ereignis am Beginn der Menschheit, dann lohnte es sich nicht, heute noch darüber nachzudenken. Das Aufregende daran ist jedoch, daß in ihm eine tiefe, zeitlose Philosophie steckt: die Grundfrage des Verhältnisses der Menschen zu ihrem Schöpfer. Was Adam und Eva unsterblich macht, das ist ihre Geschichte vom Sündenfall, denn sie ist das Erlebnis der innerlichen Menschwerdung, einer Entwicklung, die nicht nur die Menschheit durchlebte, sondern jeder Mensch für sich. Am Beginn und wohl auch am Ende der Menschheit steht der Mensch, der sich über göttliche Tabus hinwegsetzt. Dabei ist das nicht ein rebellierender, heldenhafter Prometheus wie bei den Griechen, der das Feuer raubt und sich von Zeus lossagt, sondern ein charakterschwacher Typ, der sich verführen läßt. Man muß sich das einmal vorstellen: Da wird dem Volk Israel von gelehrten Priestern eine heilige Schrift vorgesetzt, aus der zu entnehmen ist, daß die ersten Menschen keine Helden waren, sondern labile Durchschnittstypen. Das setzt ein gehöriges Maß an Selbstkritik voraus. Es ist dies eine grundehrliche Geschichte, wie man sie in der Welt der Mythen, wo meist die Helden dominieren, sonst wohl nicht finden kann. Adam, der Negativheld, wird so zum ungeliebten Vorbild, zumindest Spiegel der Menschheit. Adam erhält das Paradies, den Garten Eden, als Lehen übertragen, »daß er ihn bebaute und bewahrte«. Der sorgsame und pflegliche Umgang mit der Natur wurde ihm als Aufgabe in die nicht vorhandene Wiege gelegt. Es war dem frisch gebackenen Landjunker fast alles erlaubt, nur war ihm bei Todesstrafe verboten, von dem Baum der Erkenntnis des Guten und Bösen zu ernten. Die verlokkende Frucht heißt einfach nur Erkenntnis.

Das Paar lebte in einer friedlichen Umwelt, ohne Not und Feinde, es stand der Natur nicht gegenüber, es war ein Teil von ihr, hatte jedoch von Gott die Veranlagung mitbekommen, sich aus der Natur herauszulösen, mehr zu sein als die Tiere. Denn es war im Gegensatz zu ihnen mit der Fähigkeit zu irren begabt. Daraus kann man folgern: Der Mensch beginnt mit der Fähigkeit zum Irrtum und zur Sünde. So ist er angelegt. Gregory Bateson hätte dies vermutlich als »Double bind« charakterisiert, als in sich widersprüchliche Doppelbindung: einerseits die Möglichkeit, sich kritisch von der Natur zu distanzieren, andererseits der Auftrag, ihr als ihr Teil zu dienen. Das konnte nicht gutgehen. Diese innerliche Zerrissenheit des Menschen der Schöpfung gegenüber und das Spannungsverhältnis zwischen Einordnung und Überordnung, sie prägen und belasten den Menschen seit jeher. Der erste und andauernde Konflikt war von Anfang an im Menschen vorprogrammiert.

Um Mensch zu werden, mußte er der Schöpfung kritisch, wertend, eingreifend und urteilend gegenüberstehen. Er löst sich aus der Natur, um sie zu beherrschen. Die Fähigkeit zu Irrtum und Sünde ist Voraussetzung für alles, was den Menschen zum Menschen macht, ohne sie würden wir noch auf den Bäumen sitzen; alles schöpferisch Neue beginnt mit dem Kampf gegen das Vorhandene. Denn das Vorhandene hat zunächst immer die besseren Argumente. Das Veränderte muß sich gegen das Bewährte durchsetzen. Gelingt es ihm nicht, erscheint es als Irrtum. Das macht uns die Evolution vor.

Das Urteil über Gut und Böse ist eine Voraussetzung für unser Menschsein und zugleich eine belastende Verantwortung. Doch was ist gut und böse? In einer neuen Übersetzung ist unter der Paradiesgeschichte in Kleindruck zu lesen: »Erkenntnis des Guten und Schlechten, d. h. des Nützlichen und Schädlichen.« – Nein! Genau das ist es nicht. Nützlich und schädlich, das sind vordergründige Begriffe aus dem Utilitarismus. In der Ethik geht es um viel mehr, um Werte, die jenseits der Nützlichkeitserwägungen liegen. Wer den Einklang, das Einvernehmen mit der Schöpfung sucht, strebt nach dem Guten und fragt nicht mehr danach, ob es zugleich auch als nützlich angesehen wird. Wir müssen aus dem Blickwinkel der Schöpfung argumentieren und nicht aus dem, was wir Menschen nach unseren derzeitigen Bedürfnissen für nützlich halten. Gut und nützlich liegen auf verschiedenen Ebenen.

Schon der Mensch, der sagt: »Heute ist schlechtes Wetter«, urteilt allein von seinem vordergründigen Standpunkt aus. Er möchte spazieren gehen und ärgert sich über dunkle Wolken und den heftigen Sommerregen, über den sich jedoch der Landwirt freut. Er könnte stattdessen auch nur sagen: »Heute ist es bewölkt und regnerisch«, dann wäre das unkritisch und neutral ausgedrückt, unabhängig davon, welche Konsequenzen er persönlich daraus zieht. Hinter diesem harmlosen Beispiel liegt das eigentliche Problem. Dann geht es nicht nur ums Wetter, sondern darum, ein anderes Volk für schlecht zu halten, eine Tierart für schädlich und schließlich den eigenen Bruder zu hassen, wie es ja Kain, der seßhafte Bauer, Adams erstgeborener Sohn, gegenüber seinem Bruder Abel, dem nomadisierenden Schäfer, vorgemacht hat. Der seßhafte Bauer erschlägt den wandernden Hirten. Für den seßhaften Bauern war es nützlich, den Wanderhirten zu erschlagen, der über seine Felder zog. So beginnt die Geschichte der Menschheit. Aus dem Bruderzwist werden Weltenbrände. Ausgelöst durch den Drang, sich selbst für gut, das Fremde, Unbekannte für böse zu halten, um es auszurotten.

Adam selbst war zunächst harmlos. Er hielt es auch nicht für nötig, seine Frau über den wahren Grund für das Verbot aufzuklären, vom Baum mitten im Garten nicht zu naschen. Eva wußte nur, daß von dem Baum Lebensgefahr drohte, aber ihr war nicht bekannt, daß es hier in Wirklichkeit um die verbotene Erkenntnis ging. Daher machte sich die schlaue Schlange nicht hinter Adam her, sondern hinter Eva, weil sie über deren Informationsdefizit Bescheid wußte. Die Schlange sagte die Wahrheit: Euch werden die Augen aufgetan, ihr werdet wissen, was gut und böse ist. Das überzeugte die Eva, sie genoß die Frucht und reichte sie auch Adam. Die Wirkung kam schlagartig, denn da erst bemerkten die beiden, daß sie nackt waren. Jetzt nahmen sie sich selbst wahr. Damit begann die Grundlage aller Sexualität: die Erkenntnis des Andersseins gegenüber dem anderen Geschlecht. Die erste Erkenntnis des Menschen war seine Selbsterkenntnis: nicht nur seine Nacktheit, sondern vor allem seine Schwäche, sein Ausgeliefertsein der Natur gegenüber, seine Sterblichkeit. Adam und Eva behalfen sich mit Schürzen aus Feigenblättern.

Gott der Herr weiß natürlich sofort, was hier passiert ist,

und stellt Adam, der sich versteckt hatte, zur Rede. Der weicht aus. Er habe sich wegen seiner Nacktheit geschämt, stottert er. Schließlich schiebt er alles auf Eva, die Frau, die ihm schließlich Gott selbst gegeben habe. Dann wandte sich der Herr an Eva. Auch die hatte eine Ausrede: Die Schlange betrog mich! Keiner von den beiden bekannte sich freimütig zu seinem Verhalten. Sie hätten doch sagen können: Wir wollten einfach wissen, was es mit dem Bescheidwissen über Gut und Böse auf sich hat. So rutschte der Mensch fast wider Willen ins Abenteuer der Erkenntnis. – Da tat Gott etwas Paradoxes: Er verfluchte die Schlange, die er doch selbst geschaffen hatte und die womöglich sein Werkzeug war.

Wie die weitere Strafe aussieht, spüren wir ja täglich: Die Äkker sind kärglich und voller Dornen und Disteln. Im Schweiße seines Angesichts soll der Mensch sein Brot essen, bis er selbst wieder zu Erde wird. Die Eva bestrafte er auch: Sie müsse in Schmerzen die Kinder gebären und, als Gipfel aller Strafen, sie solle ihrem Mann untertan sein. Als großzügige Geste schenkte Gott dem nackten Paar Kleider aus Fellen und dann jagte er sie aus dem Garten, dessen Zugang er vorsichtshalber durch bewaffnete Engel schützen ließ.

So müssen wir uns das unsterbliche Menschenpaar vorstellen: Sie wollen Bescheid wissen wie Gott, bekommen jedoch ihre Unterlegenheit ständig zu spüren; sie fallen auf verlokkende Angebote herein, weil sie unbequemen Warnungen mißtrauen; sie verletzen göttliche Gebote. Wenn die Sache herauskommt, verstecken sie sich. Wenn sie erwischt werden, spielen sie sich als Unschuldige auf und suchen nach faulen Ausreden. An der nötigen Erziehung ihrer Kinder lassen sie es fehlen, sodaß unter ihnen Mord und Totschlag herrscht.

Wer will jetzt noch behaupten, Adam und Eva seien längst gestorben? Sie leben unter uns als Menschen wie du und ich. Nicht nur das, sie repräsentieren uns alle. Wer will jetzt noch die Ansicht vertreten, diese Geschichte sei nicht wahr? Es wäre viel bequemer, wenn wir denken könnten: Ach ja, das war damals! Und heute? Damals ist immer, solange Menschen leben. Wer Mensch sein will, muß die Sünde der Erkenntnis auf sich nehmen, die Anmaßung, über etwas zu urteilen, was er nicht ändern kann. Es ist ein ewiges Dilemma: Der Mensch, der ums Überleben kämpft, muß leiden, irren und göttliche Tabus verletzen. Er muß die Schöpfung bis zu einem gewissen Maß verletzen. Zugleich muß er wissen, was er tut und mit seinem Tun anrichtet. Er muß Verantwortung für die Zukunft übernehmen, obwohl ihm das gar nicht liegt.

Der Mensch steht heute vor dem gleichen Dilemma wie eh und je: Die Menschheit insgesamt, unabhängig vom Denken und Handeln des Einzelnen, hat Schuld auf sich geladen. Die Erde ist auf unabsehbare Jahrtausende verseucht durch Atommüll, die herkömmlichen Energievorräte gehen zur Neige, die weltweite Luftverschmutzung nimmt weiter zu, das Klima neigt zu menschenfeindlichen Extremen, die Menschheit wächst und verdrängt mehr und mehr die Natur. Und die Erkenntnis des Guten und Bösen? Wir haben sie, wenn auch auf unvollkommene Weise, sind aber unfähig, sie durchzusetzen. Terror, brutale Gewalt, Not, Krankheiten, Hunger, Verslumung ganzer Völker, deren gewachsene Kultur erlischt, und vieles mehr müssen wir beobachten und erleben. Die Gefahr besteht, daß wir in Zukunft einmal die heutige Welt trotz ihrer Probleme noch als Paradies betrachten, aus dem die Menschheit verjagt wurde. Sind wir schon dabei, uns zu verstecken oder gar nach Ausreden zu suchen?

Woran liegt es denn, daß so wenig geschieht? Hans Jonas hat es einmal auf eine einfache Formel gebracht: »So wenig wie die Vorstellung des zu Fürchtenden stellt sich die Furcht davor von selbst ein. Auch sie muß erst ›beschafft‹ werden« (Prinzip Verantwortung, 65). Im Paradies kam es unverzüglich zur Furcht.

»Und sie hörten die Stimme Gottes des Herrn.« Wir können heute nicht mehr erwarten, daß der Herr bei seinem Abendspaziergang durch den Garten den Baum der Erkenntnis kontrolliert. Was in der Bibel bildlich als private Geschichte der Familie Adam geschildert wurde, spielt sich inzwischen als Geschichte der Familie Menschheit ab. Die Stimme des Schöpfers ist nicht mehr mit der Frage zu vernehmen: »Adam, wo bist du? Warum hast du das getan?« Sie klingt heute anders. Was antworten wir, wenn wir es in unserem tiefsten Inneren vernehmen: »Menschheit, wo bist du? Warum hast du das getan?«

Auch wir Individuen, die wir uns einbilden, an vielem, was geschieht, nicht mitschuldig zu sein, sind betroffen. Wir können uns nicht herausreden, denn wir alle miteinander sind Bestandteile eines großen, weltweiten Organismus. Adam war ein Einzelner, er konnte antworten, doch niemals wird es der Menschheit gelingen, mit einer Stimme zu sprechen. Können wir uns auf das Wort Hölderlins verlassen: »Wo aber Gefahr ist, wächst das Rettende auch ...«?

In einzelnen Menschen ist das Rettende angelegt. Sie kämpfen, oft unter Einsatz ihres Lebens, für die Bewahrung der Schöpfung gegen die Übermacht von Politik und Wirtschaft, die sich letztlich als ohnmächtig herausstellt, wo es um höhere Werte geht. Der Einzelne, der sich der materiellen Überlegenheit der Mächtigen entgegenstellt, der sich von materiellen Werten nicht blenden läßt, kann Hoffnung ausstrahlen, auch wenn er von Machthabern gefangen und getötet wird. Der Widerstand gegen die Versuchung, sich der Macht unterzuordnen, und die Herauslösung aus dem Kartell der Macht können Erstaunliches bewirken.

Aus der Resignation wächst keine Hoffnung. Nicht nur unser Handeln im Kleinen hat eine Wirkung, sondern auch unser Denken. Seelische Kräfte haben eine Wirkung, selbst wenn wir kein Meßsystem für sie haben. Das einzige, was wir also sicher können, das ist, uns an der Schöpfung mit ihren doch immer noch vorhandenen Herrlichkeiten zu freuen. Davon kann eine Kraft ausgehen, die vielleicht doch stärker ist als die der Destruktion.

Es wäre immerhin denkbar, daß vielleicht auch solche Erkenntnisse eines Tages dazu beitragen könnten, die Menschen davor zu bewahren, mit ihren Ideologien im Bauch und dem Messer in der Hand sich gegenseitig abzustechen und auszurotten. Vielleicht trägt auch die Freude an der Schöpfung und die Sorge um ihre Erhaltung zum Überleben der Menschheit bei. Dies wäre immerhin eine Hoffnung, auf die wir nicht verzichten dürfen. Doch Hoffnung gedeiht nur, wenn sie uns handeln läßt.

Prediger Salomo

Ein jegliches hat seine Zeit

1. Ein jegliches hat seine Zeit, und alles Vornehmen unter dem Himmel hat seine Stunde.
2. Geboren werden, Sterben, Pflanzen, Ausrotten, was gepflanzt ist,
3. Würgen, Heilen, Brechen, Bauen,
4. Weinen, Lachen, Klagen, Tanzen,
5. Steine zerstreuen, Steine sammeln, Herzen, Fernen von Herzen,
6. Suchen, Verlieren, Behalten, Wegwerfen,
7. Zerreißen, Zunähen, Schweigen, Reden,
8. Lieben, Hassen, Streit, Friede hat seine Zeit.
9. Man arbeite, wie man will, so kann man nicht mehr ausrichten.

10. Daher sah ich die Mühe, die Gott den Menschen gegeben hat, daß sie drinnen geplagt werden.
11. Er aber tut alles fein zu seiner Zeit und läßt ihr Herz sich ängsten, wie es gehen solle in der Welt; denn der Mensch kann doch nicht treffen das Werk, das Gott tut, weder Anfang noch Ende.

Kurt Tucholsky

Der liebe Gott ist ein älterer Mann

Der liebe Gott ist ein älterer Mann mit Rauschebart, in dem die Motten sitzen. Er steht morgens sehr früh auf; wie alte Leute zu tun pflegen, die nicht mehr recht schlafen können, wäscht sich schlecht und recht und regiert dann ein paar Stündlein. Nach Tisch druselt er ein bißchen vor sich hin, was ihm auch leider während der Arbeit hier und da unterläuft – um fünf Uhr schließt er unweigerlich. Abendgebete haben also keine Aussicht auf Erhörung. Um die Zeit gräbt der Alte seinen kleinen Garten um und ordnet seine Briefmarken.

Es muß einmal gesagt werden: Wir sind alle nicht mehr recht zufrieden mit dem alten Herrn. Was macht der Mann eigentlich den ganzen Tag –?

Er arbeitet in den Akten und telefoniert, das ist wahr – aber er ist vergeßlich wie der Kaiser Franz Joseph, mit dem er überhaupt eine fatale Ähnlichkeit hat. Er ist voll der kitschigsten Einfälle: Er läßt eine Kuhmagd in Jarwischken eine Dollarerbschaft machen, verschollene Söhne kehren nach Jahren wieder und verloren geglaubte Briefe auch – aber alles zur Unzeit, alles zur Unzeit.

Charles Baudelaire

Der großmütige Spieler

Gestern streifte mich im Gewühl der Menge auf dem Boulevard ein geheimnisvoller Mann, den ich schon lange kennenlernen wollte und den ich sofort erkannte, obwohl ich ihn nie zuvor gesehen hatte. Bei dem Fremden bestand offenbar, was mich betraf, ein ähnlicher Wunsch, denn er blinzelte mir im Vorübergehen bedeutungsvoll zu, was ich sofort erwiderte. Ich folgte ihm aufmerksam und betrat alsbald hinter ihm eine prächtige Wohnung in einem Untergeschoß, die mit solchem Luxus ausgestattet war, daß keine der oberirdischen Wohnungen in Paris sich auch nur annähernd damit messen könnte. Ich fand es sonderbar, daß ich so oft an diesem verborgenen luxuriösen Ort vorübergegangen war, ohne den Eingang zu bemerken. Es herrschte dort eine wunderbare, ja berauschende Stimmung, die im Nu alle unangenehmen Scheußlichkeiten des Lebens vergessen ließ; man schwelgte in einer gedämpften Seligkeit, vergleichbar derjenigen, die die Lotosesser empfinden mußten, wenn sie auf einer verzauberten Insel landeten und im Licht eines unendlichen Nachmittags beim betäubenden Klang melodischer Wasserfälle den Wunsch in sich aufsteigen spürten, nie mehr ihr Zuhause, ihre Frauen, ihre Kinder zu sehen und nie mehr über die Schaumkronen des Meeres zu fahren.

Es gab da seltsame, von verhängnisvoller Schönheit gezeichnete Gesichter von Männern und Frauen, die ich wohl schon gesehen hatte in Zeiten und Ländern, an die ich mich ganz und gar nicht mehr erinnern konnte; sie lösten in mir eher eine brüderliche Zuneigung aus als eine Furcht, wie sie sonst beim Anblick des Unbekannten entsteht. Wollte ich versuchen, den seltsamen Ausdruck in ihren Augen annähernd zu beschreiben, so würde ich sagen: Nie zuvor habe ich Augen dermaßen glänzen sehen vom Abscheu vor Langeweile und von dem unstillbaren Wunsch, das Leben zu spüren.

Als wir uns setzten, waren mein Gastgeber und ich schon altvertraute Freunde. Wir aßen und tranken unmäßig allerlei ungewöhnliche Weine, und ebenso ungewöhnlich: Nach einigen Stunden kam es mir so vor, als sei ich ebensowenig betrunken wie er. Währenddessen hatte das Spiel, dieses übermenschliche Vergnügen, immer wieder unser fortgesetztes Trinkgelage unterbrochen, und ich muß sagen, daß ich in einer Mehrfach-Runde mit Unbekümmertheit und heldenhaftem Leichtsinn meine Seele eingesetzt und verspielt hatte. Die Seele ist etwas so wenig Faßbares, so oft Unnötiges, manchmal auch Lästiges, daß ich angesichts dieses Verlustes noch etwas weniger beunruhigt war, als wenn ich bei einem Spaziergang meine Visitenkarte verloren hätte.

Wir rauchten lange einige Zigarren, deren unvergleichlicher Geschmack und Duft einem die Sehnsucht nach unbekannten Ländern und Glückseligkeit einflößte. Berauscht von all diesen Köstlichkeiten wagte ich in einer Aufwallung von Vertraulichkeit, die ihm zu gefallen schien, mit einem randvollen Glas auszurufen: »Auf Ihre unsterbliche Gesundheit, alter Bursche!«

Wir plauderten über das Weltall, über seine Entstehung und über seinen künftigen Untergang, über die großen Ideen des Jahrhunderts, also über Fortschritt und Höherentwicklung und überhaupt über alles, was sich die Menschen so einbilden. Bei diesem Thema war Seine Hoheit unerschöpflich in leicht hingesagten schlagenden Äußerungen; er hatte eine angenehme Ausdrucksweise und eine Unbekümmertheit beim Scherzen, wie ich sie bei keinem der berühmtesten Plauderer der Menschheit je angetroffen habe. Er erklärte mir die Unsinnigkeit der verschiedenen Philosophien, die bisher vom menschlichen Gehirn Besitz ergriffen hatten, und ließ sich sogar herbei, mir einige Grundsätze anzuvertrauen, deren Vorzüglichkeiten und Eigenart mit irgendjemand zu teilen mir nicht zusteht. Er beklagte sich in keiner Weise über den schlechten Ruf, den er in allen Teilen der Welt genoß, versicherte mir, er sei selber am meisten an der Abschaffung des *Aberglaubens* interessiert, und gestand mir, er habe nur ein einziges Mal um seinen Machterhalt gebangt, und zwar an dem Tag, als er einen Prediger, der gewitzter war als seine Mitbrüder, von der Kanzel herab rufen hörte: »Meine lieben Brüder, vergeßt nicht, wenn ihr den Fortschritt der Aufklärung rühmen hört, daß die höchste List des Teufels darin besteht, euch einzureden, es gebe ihn nicht!«

Die Erinnerung an diesen berühmten Redner brachte uns natürlich zum Thema Akademien. Mein seltsamer Gastgeber versicherte mir, er verabscheue es durchaus nicht, in vielen Fällen Veröffentlichungen, Reden und Gewissen der Lehrer zu beeinflussen, er nehme fast immer persönlich, wenn auch unsichtbar, an allen akademischen Sitzungen teil.

Ermutigt von so viel Güte erkundigte ich mich nach Gott und ob er ihn kürzlich gesehen habe. Er antwortete mir unbekümmert, nur mit einem Hauch Traurigkeit: »Wir grüßen uns, wenn wir uns begegnen, aber wie zwei alte Edelleute, deren angeborene Höflichkeit die Erinnerung an alte Zwistigkeiten nicht ganz wegwischen kann.«

Es ist fraglich, ob Seine Hoheit einem gewöhnlichen Sterblichen jemals eine so lange Audienz gewährte, und ich fürchtete, sie über Gebühr in Anspruch zu nehmen. Nun, da die kühle Morgendämmerung die Fensterscheiben weißlich machte, sprach der berühmte Mann, der von so vielen Dichtern besungen wird und dem so viele Philosophen dienen, indem sie unwissentlich seinen Ruhm vergrößern: »Ich möchte, daß Sie mich in angenehmer Erinnerung behalten, will Ihnen beweisen, daß ich, dem so viel Schlechtes nachgesagt wird, manchmal ein *guter Teufel* bin, um eine Ihrer gängigen Redensarten zu gebrauchen. Damit der unabänderliche Verlust Ihrer Seele wettgemacht wird, schenke ich Ihnen den Einsatz, den Sie gewonnen hätten, wenn das Glück auf Ihrer Seite gewesen wäre, das heißt die Möglichkeit, Ihr ganzes Leben lang dieses verrückte Leiden an der Langeweile zu lindern und zu besiegen, diese Quelle all eurer Krankheiten und all eures schlechten Fortschreitens. Nie werden Sie einen Wunsch hegen, den ich Ihnen nicht zu erfüllen behilflich wäre; Sie werden über gewöhnliche Mitmenschen herrschen; man wird Ihnen schmeicheln und Sie bewundern; man wird Ihnen Silber, Gold, Diamanten und Märchenschlösser zu Füßen legen und Sie bitten, sie anzunehmen, ohne daß Sie den Versuch gemacht hätten, sie zu erwerben; Sie werden Heimat und Umgebung wechseln, so oft Ihre Phantasie danach verlangt; unermüdlich werden Sie voller Wollust schwelgen in bezaubernden Ländern, wo es immer warm ist und wo die Frauen so gut duften wie Blumen und so weiter, und so weiter ...«, fügte er hinzu, erhob sich und verabschiedete mich mit einem schönen Lächeln.

Hätte ich nicht gefürchtet, mich vor einer so großen Gesellschaft zu erniedrigen, wäre ich dem großmütigen Spieler gern zu Füßen gefallen, um ihm für seine unerhörte Freigebigkeit zu danken. Aber als ich ihn verlassen hatte, kehrte nach und nach unverbesserliches Mißtrauen in mein Herz zurück; ich wagte nicht mehr, an ein so wunderbares Glück zu glauben, und als ich zu Bett ging und in einer Anwandlung stupider Gewohnheit mein Gebet verrichtete, sagte ich immerzu im Halbschlaf: »Mein Gott, mein Herr und Gott, gib, daß der Teufel Wort hält!«

Konrad Lorenz

Ecce Homo

Nehmen wir an, ein objektivierender Verhaltensforscher säße auf einem anderen Planeten, etwa dem Mars, und untersuche das soziale Verhalten des Menschen mit Hilfe eines Fernrohrs, dessen Vergrößerung zu gering sei, um Individuen wiederzuerkennen und in ihrem Einzelverhalten verfolgen zu können, das aber wohl gestatte, grobe Ereignisse, wie Völkerwanderungen, Schlachten usw. zu beobachten. Er würde nie auf den Gedanken kommen, daß das menschliche Verhalten von Vernunft oder gar von verantwortlicher Moral gesteuert sei.

Wenn wir annehmen, unser außerirdischer Beobachter sei ein reines Verstandeswesen, das, selbst bar aller Instinkte, nichts davon wüßte, wie Instinkte im allgemeinen und Aggressionen im besonderen funktionieren und welcher Weise ihre Funktion mißlingen kann, er würde in arger Verlegenheit sein, die menschliche Geschichte zu verstehen. Die sich immer wiederholenden Ereignisse der Geschichte können aus menschlichem Verstand und menschlicher Vernunft nicht erklärt werden. Es ist ein Gemeinplatz zu sagen, sie seien durch dasjenige verursacht, was man gemeinhin »menschliche Natur« nennt. Die vernünftige und unlogische menschliche Natur läßt zwei Nationen miteinander wetteifern und kämpfen, auch wenn keine wirtschaftlichen Gründe sie dazu zwingen, sie veranlaßt zwei politische Parteien oder Religionen trotz erstaunlicher Ähnlichkeit ihrer Heilsprogramme zu erbittertem Kampf, und sie treibt einen Alexander oder Napoleon, Millionen von Untertanen dem Versuch zu opfern, die ganze Welt unter seinem Zepter zu einen. Merkwürdigerweise lernen wir in der Schule, Menschen, die diese und ähnliche Absurditäten begangen haben, mit Respekt zu betrachten, ja als große Männer zu verehren. Wir sind dazu erzogen, uns der sogenannten politischen Klugheit der für die Staatsführung Verantwortlichen zu unterwerfen, und wir sind an alle hier in Rede stehenden Phänomene so gewöhnt, daß die meisten von uns sich daraus nicht klar darüber werden, wie ungemein dumm und menschheits-schädlich das historische Verhalten der Völker ist.

Hat man dies aber einmal erkannt, so kann man der Frage nicht ausweichen, wie es kommt, daß angeblich vernünftige Wesen sich so unvernünftig verhalten können. Ganz offenbar müssen überwältigend starke Faktoren am Werke sein, die imstande sind, der individuellen Vernunft des Menschen die Führung so völlig zu entreißen, und die außerdem völlig unfähig sind, aus Erfahrung zu lernen. Wie Hegel sagt, lehrt uns die Erfahrung der Geschichte, daß Menschen und Regierungen nie aus der Geschichte gelernt oder Folgerungen aus ihr gezogen haben.

Alle diese erstaunlichen Widersprüche finden eine zwanglose Erklärung und lassen sich lückenlos einordnen, sowie man sich zu der Erkenntnis durchgerungen hat, daß das soziale Verhalten des Menschen keineswegs ausschließlich von Verstand und kultureller Tradition diktiert wird, sondern immer noch allen jenen Gesetzlichkeiten gehorcht, die in allem phylogenetisch entstandenen instinktiven Verhalten obwalten, Gesetzlichkeiten, die wir aus dem Studium tierischen Verhaltens recht gut kennen.

Nehmen wir nun aber an, unser extraterrestrischer Beobachter sei ein erfahrener Ethologe (...) – er müßte unvermeidbar den Schluß ziehen, die menschliche Sozietät sei sehr ähnlich beschaffen wie die der Ratten, die ebenfalls innerhalb der geschlossenen Sippe sozial und friedfertig, wahre Teufel aber gegen jeden Artgenossen sind, der nicht zur eigenen Partei gehört. Wüßte unser Beobachter vom Mars außerdem noch von der explosiven Bevölkerungszunahme, der ständig anwachsenden Furchtbarkeit der Waffen und von der Verteilung der Menschheit auf einige wenige politische Lager – er würde ihre

Zukunft nicht rosiger beurteilen als diejenige einiger feindlicher Rattensozietäten auf einem beinahe leergefressenen Schiff. Dabei wäre diese Prognose noch optimistisch, denn von den Ratten läßt sich voraussagen, daß nach dem großen Morden immerhin genug von ihnen übrigbleiben werden, um die Art zu erhalten, was vom Menschen nach Gebrauch der Wasserstoffbombe gar nicht so sicher ist.

Es liegt tiefe Wahrheit im Symbol der Früchte vom Baume der Erkenntnis. Erkenntnis, die dem begrifflichen Denken entsprang, vertrieb den Menschen aus dem Paradies, in dem er bedenkenlos seinen Instinkten folgen und tun und lassen konnte, wozu die Lust ihn ankam. Das dialogisch fragende Experimentieren mit der Umwelt, das aus dem begrifflichen Denken herkommt, schenkte ihm seine ersten Werkzeuge, den Faustkeil und das Feuer. Er verwendete sie prompt dazu, seinen Bruder totzuschlagen und zu braten, wie die Funde in den Wohnstätten der Pekingmenschen beweisen: neben den ersten Spuren des Feuergebrauchs liegen zertrümmerte und deutlich angeröstete Menschenknochen. Das begriffliche Denken verschaffte dem Menschen die Herrschaft über seine außer-artliche Umwelt und gab damit der intraspezifischen Selektion die Zügel frei, von deren üblen Auswirkungen wir schon gehört haben und auf deren Schuldkonto wahrscheinlich auch der übertriebene Aggressionsdrang zu setzen ist, an dem wir heute noch leiden. Das begriffliche Denken verlieh dem Menschen mit der Wortsprache die Möglichkeit zur Weitergabe über-individuellen Wissens und zur Kulturentwicklung; diese aber bewirkte in seinen Lebensbedingungen so schnelle und umwälzende Änderungen, daß die Anpassungsfähigkeit seiner Instinkte an ihnen scheiterte.

Fast möchte man meinen, es müsse grundsätzlich jede Gabe, die dem Menschen von seinem Denken beschert wird, mit einem gefährlichen Übel bezahlt werden, das sie unausweichlich im Gefolge hat. Zu unserem Glück ist dem nicht so, denn dem begrifflichen Denken entspringt auch die vernunftmäßige *Verantwortlichkeit* des Menschen, auf der allein seine Hoffnung beruht, den ständig wachsenden Gefahren steuern zu können. (...)

Die allgemeine Meinung und selbst die mancher Geisteswissenschaftler geht dahin, daß alle menschlichen Verhaltensweisen, die nicht dem Wohle des Individuums, sondern dem der Gemeinschaft dienen, von der vernunftmäßigen Verantwortung diktiert werden. Diese Meinung ist nachweislich falsch, wie wir noch in diesem Kapitel an konkreten Beispielen demonstrieren werden. Der uns mit dem Schimpansen gemeinsame Ahne war sicherlich seinem Freunde ein mindestens ebenso treuer Freund, wie es schon eine Wildgans oder eine Dohle und erst recht ein Pavian oder ein Wolf ist, er ging ganz gewiß mit demselben todesverachtenden Einsatz seines Lebens zur Verteidigung seiner Sozietät vor, er war ebenso zart und schonungsvoll gegen junge Artgenossen und hatte dieselben Tötungshemmungen wie alle diese Tiere. Zu unserem Glück haben auch wir noch in vollem Maße die entsprechenden »tierischen« Instinkte mitbekommen.

Anthropologen, die sich mit der Lebensweise von Australopithecus, dem afrikanischen Vormenschen, beschäftigt haben, haben behauptet, daß diese Vorfahren, weil sie von der Jagd auf Großwild lebten, der Menschheit das gefährliche Erbe einer »Raubtiernatur« (carnivorous mentality) hinterlassen hätten. Diese Aussage bedeutet eine gefährliche Verwechslung der beiden Begriffe des Raubtieres und des Kannibalen: diese Begriffe schließen einander fast völlig aus, Kannibalismus kommt bei Raubtieren nur in seltenen Ausnahmen vor. In Wirklichkeit ist es tief beklagenswert, daß der Mensch eben gerade *keine* »Raubtiernatur« hat. Ein Großteil der Gefahren, die ihn bedrohen, kommt daher, daß er von Natur aus ein verhältnismäßig harmloser Allesfresser ist, dem natürliche, am Körper gewachsene Waffen fehlen, mit denen er große Tiere töten könnte, denn eben deshalb fehlen ihm ja auch jene stammesgeschichtlich entstandenen Sicherheitsmechanismen, die alle »berufsmäßigen« Raubtiere daran verhindern, ihre Fähigkeiten zum Töten großer Tiere gegen Artgenossen zu mißbrauchen. Löwen oder Wölfe töten zwar manchmal fremde Artgenossen, die ins Gruppenterritorium ihres Rudels eingedrungen sind, es mag vielleicht sogar vorkommen, daß ein solches Tier einen Gruppengenossen in plötzlich aufwallendem Zorne durch einen unglücklichen Biß oder Prankenschlag ums Leben bringt, wie dies zumindest in Gefangenschaft manchmal vorkommt. Solche Ausnahmen dürfen indessen nicht die wichtige Tatsache vergessen lassen, daß (...) bei allen derartigen schwerbewaffneten Raubtieren hochentwickelte Hemmungsmechanismen vorhanden sein müssen, die eine Selbstvernichtung der Art verhindern.

In der Vorgeschichte der Menschen waren keine besonders hochentwickelten Hemmungsmechanismen zur Verhinderung plötzlichen Totschlages nötig, da ein solcher sowieso nicht möglich war. Der Angreifer konnte sein Opfer ja sowieso nur durch Kratzen, Beißen und Würgen ums Leben bringen, und dabei hatte dieses reichlich Gelegenheit, durch Demutgebärden und Angstschreie an die Aggressionshemmung des Angreifers zu appellieren. Bei einem nur schwach bewaffneten Tier war begreiflicherweise kein Selektionsdruck am Werke, der jene starken und verläßlichen Hemmungen des Waffengebrauches hervorbringen konnte, die für das Überleben einer mit gefährlichen Waffen ausgestatteten Tierart unbedingt notwendig sind. Als dann die Erfindung künstlicher Waffen mit einem Schlage neue Tötungsmöglichkeiten eröffnete, wurde das vorher vorhandene Gleichgewicht zwischen den verhältnismäßig schwachen Aggressionshemmungen und der Fähigkeit zum Töten von Artgenossen gründlich gestört.

Die Menschheit hätte sich tatsächlich durch ihre ersten großen Erfindungen selbst vernichtet, wenn nicht wunderbarerweise die Möglichkeit, Erfindungen zu machen, und die große Gabe der Verantwortlichkeit gleicherweise Früchte derselben spezifisch menschlichen Fähigkeit wären, der Fähigkeit, Fragen zu stellen. Wenn der Mensch, bisher wenigstens, an den Folgen seiner eigenen Erfindungen nicht zugrunde gegangen ist, so verdankt er dies seiner Befähigung, sich die Frage nach den Folgen seines Handelns vorzulegen und zu beantworten. Sicherheit vor der Selbstvernichtung aber hat diese einzigartige Gabe der Menschheit nicht gebracht. Wenn moralische Verantwortlichkeit und die aus ihr erwachsenen Tötungshemmungen auch seit der Erfindung des Faustkeiles erheblich gewachsen sind, so hat leider die Leichtigkeit des Tötens in gleichem Maße zugenommen, und vor allem hat es die verfeinerte Tötungstechnik mit sich gebracht, daß dem Handelnden die Folgen seines Tuns nicht unmittelbar ans Herz greifen. Die Entfernung, auf die alle Schußwaffen wirken, schirmt den Tötenden gegen die Reizsituationen ab, die ihm anderenfalls die Gräßlichkeit der Konsequenzen sinnlich nahebringen würden. Die tiefen gefühlsmäßigen Schichten unserer Seele nehmen es einfach nicht mehr zur Kenntnis, daß das Abkrümmen eines Zeigefingers zur Folge hat, daß unser Schuß einem anderen Menschen die Eingeweide zerreißt. Kein geistig gesunder Mensch würde auch nur auf die Hasenjagd gehen, müßte er das Wild mit Zähnen und Fingernägeln töten. Nur durch Abschirmung unserer Gefühle gegen alle sinnfälligen Folgen unseres Tuns wird es möglich, daß ein Mensch, der es kaum fertigbrächte, einem unartigen Kind eine verdiente Ohrfeige zu geben, es sehr wohl über sich bringen kann, den Auslöseknopf einer Raketenwaffe oder einer Bombenabwurf-Vorrichtung zu betätigen und damit Hunderte von liebenswerten Kindern einem gräßlichen Flammentod zu überantworten. Gute, brave, anständige Familienväter haben Bombenteppiche gelegt. Eine entsetzliche und heute beinahe schon unglaubhafte Tatsache! Demagogen besitzen offenbar ganz ausgezeichnete, wenn auch nur praktische Kenntnis des menschlichen Instinktverhaltens und benutzen die Abschirmung der zu verhetzenden Partei gegen aggressionshemmende Reizsituationen zielbewußt als ein wichtiges Werkzeug.

Mittelbar mit der Erfindung der Waffe hängt das Vorherrschen der intraspezifischen Selektion und all ihrer unheimlichen Auswirkungen zusammen. (...)

Auf den instinktiven Grundlagen des Ansammelns von Besitz, auf Geltungstrieb usw. usw. steht ein hohes positives, auf schlichter Anständigkeit ein fast ebenso hohes negatives Selektions-Prämium. Die kommerzielle Konkurrenz droht heute mindestens ebenso gräßliche Hypertrophien der erwähnten Triebe herauszuzüchten, wie es der kriegerische Wettbewerb zwischen den Stämmen der Steinzeitmenschen mit der intraspezifischen Aggression getan hat. Ein Glück ist nur, daß der Gewinn von Reichtum und Macht nicht zu Kinderreichtum führt, sonst wäre die Lage der Menschheit noch schlimmer zu beurteilen.

Neben Waffenwirkung und innerartlicher Zuchtwahl ist das schwindelerregend beschleunigte *Entwicklungstempo* die dritte Quelle von Übeln, die der Mensch mit der hohen Gabe seines begrifflichen Denkens in Kauf nehmen mußte. Aus dem begrifflichen Denken und allem, was es im Gefolge hat, vor allem aus der Symbolik der Wortsprache, erwächst dem Menschen eine Fähigkeit, die keinem anderen Lebewesen zukommt. Wenn der Biologe von der Vererbung erworbener Eigenschaften spricht, denkt er nur an erworbene Veränderungen der Erbmasse, des Genoms. Er denkt gar nicht mehr daran, daß »Vererben« schon viele Jahrhunderte vor Gregor Mendel eine juridische Bedeutung hatte und daß dieses Wort zunächst rein gleichnishaft auf biologische Vorgänge angewendet wurde. Heute ist uns diese zweite Bedeutung so geläufig geworden, daß ich wahrscheinlich mißverstanden worden wäre, hätte ich ohne weiteres hingeschrieben: Der Mensch allein besitzt die Fähigkeit, erworbene Eigenschaften zu vererben, womit ich folgendes meine: Wenn etwa ein Mensch Pfeil und Bogen erfindet oder von einem kulturell höher entwickelten Nachbarvolk stiehlt, so *hat* fortan nicht nur seine Nachkommenschaft, sondern seine gesamte Sozietät diese Werkzeuge so fest im Besitz, als wären sie durch Mutation und Selektion entstandene, am Körper gewachsene Organe. Ihr Gebrauch wird bestimmt nicht leichter wieder vergessen, als ein ähnlich lebenswichtiges Organ rudimentär wird.

Selbst wenn nur ein einziges Individuum eine solche arterhaltend wichtige Eigenschaft oder Fähigkeit erwirbt, ist diese alsbald Gemeinbesitz einer ganzen Population, und eben dies bewirkt die erwähnte, vieltausendfache Verschnellerung des historischen Werdens, die mit dem begrifflichen Denken des Menschen in die Welt trat. Anpassungsvorgänge, die bisher geologische Epochen in Anspruch nahmen, können sich nun im winzigen Zeitraum von wenigen Generationen abspielen. Über die langsam und im Vergleich zu dem neuen Geschehen fast unmerklich weiterlaufende Stammesgeschichte oder Phylogenese lagert sich von nun ab die Geschichte, die Historie, über dem phylogenetisch entstandenen Schatz der Erbmasse erhebt sich der hohe Bau der geschichtlich erworbenen und traditionell weitergegebenen Kultur.

Wie der Waffen- und Werkzeuggebrauch und die aus beiden erwachsene Weltherrschaft des Menschen, so hat auch die dritte und schönste Gabe des begrifflichen Denkens Gefährliches im Gefolge. Alle kulturellen Errungenschaften des Menschen haben den einen großen Haken: sie betreffen nur solche seiner Eigenschaften und Leistungen, die durch individuelle Modifikation, durch Lernen beeinflußbar sind. Sehr viele unserer arteigenen, angeborenen Verhaltensweisen sind das *nicht;* das

Tempo ihrer Veränderlichkeit im Artenwandel ist das gleiche geblieben wie dasjenige irgendwelcher körperlichen Merkmale, das gleiche, in dem sich alles Werden vollzog, ehe das begriffliche Denken auf den Plan trat.

Was sich wohl abgespielt haben mag, als zum erstenmal ein Mensch einen Faustkeil in der Hand hatte? Sehr wahrscheinlich etwas Ähnliches, wie man es an zwei- und selbst drei- und mehrjährigen Kindern beobachten kann, die durch keinerlei instinktive oder moralische Hemmung daran gehindert werden, einander schwere Gegenstände, die sie kaum zu heben vermögen, mit aller Kraft auf den Kopf zu hauen. Ebensowenig hat wahrscheinlich der Erfinder des ersten Faustkeiles gezögert, damit nach einem Genossen zu schlagen, der eben seinen Zorn erregte. Gefühlsmäßig wußte er ja nichts von der furchtbaren Wirkung seiner Erfindung, die angeborenen Tötungshemmungen des Menschen waren damals wie heute auf seine natürliche Bewaffnung abgestimmt. Ob er betreten war, als der Stammesbruder tot vor ihm lag? Wir dürfen es mit Sicherheit annehmen. Soziale höhere Tiere reagieren oft in höchst dramatischer Weise auf den plötzlichen Tod eines Artgenossen. Graugänse stehen zischend, in äußerster Verteidigungsbereitschaft über dem toten Freund, wie Heinroth berichtet, der einst eine Gans im Beisein ihrer Familie erschoß. Ich erlebte dasselbe, als eine Nilgans ein Graugansjunges auf den Kopf geschlagen hatte, das taumelnd zu seinen Eltern lief und dort alsbald an Hirnblutung starb. Die Eltern hatten den Totschlag nicht sehen können und reagierten dennoch in der beschriebenen Weise auf das Hinstürzen und Sterben ihres Kindes. Der Münchner Elefant Wastl, der ohne jede aggressive Absicht im Spiel seinen Wärter schwer verletzt hatte, geriet in die größte Erregung, stellte sich schützend über den Verwundeten und verhinderte dadurch leider, daß diesem rechtzeitig ärztliche Hilfe gebracht werden konnte. Bernhard Grzimek erzählte mir, daß ein Schimpansenmann, der ihn gebissen und erheblich verletzt hatte, sofort nach Abklingen seines Zornes versuchte, die Wundränder mit den Fingern zusammenzudrücken.

Der erste Kain hat sehr wahrscheinlich das Entsetzliche seiner Tat sofort erkannt. Es hat sich nicht erst langsam herumsprechen müssen, daß eine unerwünschte Schwächung des Kampfpotentials der eigenen Horde entsteht, wenn man allzu viele Mitglieder totschlägt. Was immer aber die abdressierende Strafe gewesen sein mag, die den hemmungslosen Gebrauch der neuen Waffe verhinderte, auf alle Fälle entstand eine, wenn auch primitive Form von Verantwortlichkeit, die schon damals die Menschheit vor der Selbstvernichtung bewahrte.

Die erste Leistung, die verantwortliche Moral in der Menschheitsgeschichte vollbrachte, bestand also darin, das verlorengegangene Gleichgewicht zwischen Bewaffnung und angeborener Tötungshemmung wiederherzustellen. In allen übrigen Belangen dürften die Forderungen, die von der vernunftmäßigen Verantwortlichkeit an den einzelnen gestellt wurden, bei den ersten Menschen noch recht einfach und leicht zu erfüllen gewesen sein. (...)

Nun stelle man sich, diese Annahmen als richtig voraussetzend, einmal vor, man lebe mit zehn bis fünfzehn seiner besten Freunde sowie deren Frauen und Kindern in einer derartigen Sozietät. Die paar Männer müssen notwendigerweise zu einer verschworenen Gemeinschaft werden, sie sind *Freunde* im wahrsten Sinne des Wortes. Jeder hat dem anderen viele Male das Leben gerettet, und wenn zwischen ihnen, etwa wie zwischen Schulbuben, stets auch eine gewisse Rivalität betreffs Rangordnung, Mädchen usw. bestanden haben mag, trat diese sicherlich stark zurück hinter der ständigen Notwendigkeit, sich gemeinsam gegen die feindlichen Nachbarn zu wehren. Man mußte gegen diese so oft um die Existenz der eigenen Gemeinschaft kämpfen, daß alle Triebe intra-spezifischer Aggression reichlich Absättigung nach außen hin fanden. Ich glaube, jeder von uns würde unter diesen Umständen gegen seine Genossen in jener Fünfzehn-Mann-Sozietät *schon aus natürlicher* Neigung die zehn Gebote des Mosaischen Gesetzes halten und jene weder töten noch verleumden, noch auch einem von ihnen seine Frau oder sonstiges, was sein ist, stehlen. Ganz sicher würde er nicht nur Vater und Mutter aus natürlicher Neigung ehren, sondern die Alten und Weisen überhaupt, wie das nach Fraser Darling schon bei Hirschen und nach Beobachtungen von Washburn, de Vore und Kortlandt bei Primaten erst recht der Fall ist.

Mit anderen Worten, die natürlichen Neigungen des Menschen sind gar nicht so schlecht. Der Mensch ist gar nicht so böse von Jugend auf, er ist nur *nicht ganz gut genug* für die Anforderungen des modernen Gesellschaftslebens.

Immanuel Kant

Der denkende Mensch fühlt einen Kummer

Der denkende Mensch fühlt einen Kummer, der wohl gar Sittenverderbnis werden kann, von welchem der Gedankenlose nichts weiß: nämlich Unzufriedenheit mit der Vorsehung, die den Weltlauf im ganzen regiert, wenn er die Übel überschlägt, die das menschliche Geschlecht so sehr und (wie es scheint) ohne Hoffnung eines Besseren drücken. Es ist aber von der größten Wichtigkeit, *mit der Vorsehung zufrieden zu sein* (ob sie uns gleich auf unserer Erdenwelt eine so mühsame Bahn vorgezeichnet hat): teils um unter den Mühseligkeiten immer noch Mut zu fassen, teils um, indem wir die Schuld davon aufs

Schicksal schieben, nicht unsere eigene, die vielleicht die einzige Ursache aller dieser Übel sein mag, darüber aus dem Auge zu setzen und in der Selbstbesserung die Hilfe dagegen zu versäumen.

Man muß gestehen: daß die größten Übel, welche gesittete Völker drücken, uns vom *Kriege,* und zwar nicht so sehr von dem, der wirklich oder gewesen ist, als von der nie nachlassenden und sogar unaufhörlich vermehrten *Zurüstung* zum künftigen, zugezogen werden. Hiezu werden alle Kräfte des Staats, alle Früchte seiner Kultur, die zu einer noch größeren Kultur gebraucht werden könnten, verwandt; der Freiheit wird an so vielen Orten mächtiger Abbruch getan, und die mütterliche Vorsorge des Staates für einzelne Glieder in eine unerbittliche Härte der Forderungen verwandelt, indes diese doch auch durch die Besorgnis äußerer Gefahr gerechtfertigt wird. Allein würde wohl diese Kultur, würde die enge Verbindung der Stände des gemeinen Wesens zur wechselseitigen Beförderung ihres Wohlstandes, würde die Bevölkerung, ja sogar der Grad der Freiheit, der, obgleich unter sehr einschränkenden Gesetzen, noch übrig ist, wohl angetroffen werden, wenn jener immer gefürchtete Krieg selbst den Oberhäuptern der Staaten diese *Achtung für die Menschheit* nicht abnötigte? Man sehe nur *Sina* an, welches seiner Lage nach wohl etwa einmal einen unvorhergesehenen Überfall, aber keinen mächtigen Feind zu fürchten hat, und in welchem daher alle Spur von Freiheit vertilgt ist. – Auf der Stufe der Kultur also, worauf das menschliche Geschlecht noch steht, ist der Krieg ein unentbehrliches Mittel, diese noch weiter zu bringen; und nur nach einer (Gott weiß wann) vollendeten Kultur würde ein immerwährender Friede für uns heilsam und auch durch jene allein möglich sein. Also sind wir, was diesen Punkt betrifft, an den Übeln doch wohl selbst schuld, über die wir so bittere Klagen erheben; und die heilige Urkunde hat ganz recht, die Zusammenschmelzung der Völker in eine Gesellschaft und ihre völlige Befreiung von äußerer Gefahr, da ihre Kultur kaum angefangen hatte, als eine Hemmung aller ferneren Kultur und eine Versenkung in unheilbares Verderbnis vorzustellen.

Die zweite Unzufriedenheit der Menschen trifft die Ordnung der Natur in Ansehung der *Kürze des Lebens.* Man muß sich zwar nur schlecht auf die Schätzung des Werts desselben verstehen, wenn man noch wünschen kann, daß es länger währen solle, als es wirklich dauret; denn das wäre doch nur eine Verlängerung eines mit lauter Mühseligkeiten beständig ringenden Spiels. Aber man mag es einer kindischen Urteilskraft allenfalls nicht verdenken, daß sie den Tod fürchtet, ohne das Leben zu lieben, und indem es ihr schwer wird, ihr Dasein jeden einzelnen Tag mit leidlicher Zufriedenheit durchzubringen, dennoch der Tage niemals genug hat, diese Plage zu wiederholen. Wenn man aber nur bedenkt, wieviel Sorge um die Mittel zur Hinbringung eines so kurzen Lebens uns quält, wieviel Ungerechtigkeit auf Hoffnung eines künftigen, obzwar so wenig dauerenden Genusses ausgeübt wird: so muß man vernünftigerweise glauben, daß, wenn die Menschen in eine Lebensdauer von 800 und mehr Jahren hinaussehen könnten, der Vater vor seinem Sohne, ein Bruder vor dem anderen, oder ein Freund neben dem anderen kaum seines Lebens mehr sicher sein würde, und daß die Laster eines so lange lebenden Menschengeschlechts zu einer Höhe steigen müßten, wodurch sie keines bessern Schicksals würdig sein würden, als in einer allgemeinen Überschwemmung von der Erde vertilgt zu werden.

Der *dritte* Wunsch, oder vielmehr die leere Sehnsucht (denn man ist sich bewußt, daß das Gewünschte uns niemals zuteil werden kann) ist das Schattenbild des von Dichtern so gepriesenen *goldenen Zeitalters:* wo eine Entledigung von allem eingebildeten Bedürfnisse, das uns die Üppigkeit aufladet, sein soll, eine Genügsamkeit mit dem bloßen Bedarf der Natur, eine durchgängige Gleichheit der Menschen, ein immerwährender Friede unter ihnen, mit einem Worte der reine Genuß eines sorgenfreien, in Faulheit verträumten oder mit kindischem Spiel vertändelten Lebens: – eine Sehnsucht, die die Robinsone und die Reisen nach den Südseeinseln so reizend macht, überhaupt aber den Überdruß beweiset, den der denkende Mensch am zivilisierten Leben fühlt, wenn er dessen Wert lediglich am *Genusse* sucht, und das Gegengewicht der Faulheit dabei in Anschlag bringt, wenn etwa die Vernunft ihn erinnert, dem Leben durch *Handlungen* einen Wert zu geben. Die Nichtigkeit dieses Wunsches zur Rückkehr in jene Zeit der Einfalt und Unschuld wird hinreichend gezeigt, wenn man durch die obige Vorstellung des ursprünglichen Zustandes belehrt wird: der Mensch könne sich darin nicht erhalten, darum weil er ihm nicht genügt; noch weniger sei er geneigt, jemals wieder in denselben zurückzukehren; so daß er also den gegenwärtigen Zustand der Mühseligkeiten doch immer sich selbst und seiner eigenen Wahl beizumessen habe.

Es ist also dem Menschen eine solche Darstellung seiner Geschichte ersprießlich und dienlich zur Lehre und zur Besserung, die ihm zeigt, daß er der Vorsehung wegen der Übel, die ihn drücken, keine Schuld geben müsse; daß er seine eigene Vergehung auch nicht einem ursprünglichen Verbrechen seiner Stammeltern zuzuschreiben berechtigt sei, wodurch etwa ein Hang zu ähnlichen Übertretungen in der Nachkommenschaft erblich geworden wäre (denn willkürliche Handlungen können nichts Anerbendes mit sich führen); sondern daß er das von jenen Geschehene mit vollem Rechte als von ihm selbst getan anerkennen und sich also von allen Übeln, die aus dem Mißbrauche seiner Vernunft entspringen, die Schuld gänzlich selbst beizumessen habe, indem er sich sehr wohl bewußt werden kann, er würde sich in denselben Umständen gerade ebenso verhalten und den ersten Gebrauch der Vernunft damit gemacht haben, sie (selbst wider den Wink der Natur) zu mißbrauchen. Die eigentlichen physischen Übel, wenn jener Punkt wegen der moralischen berichtigt ist, können alsdann in der Gegenrechnung von Verdienst und Schuld schwerlich einen Überschuß zu unserem Vorteil austragen.

Und so ist der Ausschlag einer durch Philosophie versuchten ältesten Menschengeschichte: Zufriedenheit mit der Vorsehung und dem Gange menschlicher Dinge im ganzen, der nicht vom Guten anhebend zum Bösen fortgeht, sondern sich vom Schlechten zum Besseren allmählich entwickelt; zu welchem Fortschritte denn ein jeder an seinem Teile, soviel in seinen Kräften steht, beizutragen durch die Natur selbst berufen ist.

Jacob Burckhardt

Glück und Unglück in der Weltgeschichte

In unserem eigenen Leben sind wir gewöhnt, das uns Gewordene teils als Glück, teils als Unglück aufzufassen und tragen dies wie selbstverständlich auf die vergangenen Zeiten über.

Obwohl uns von Anfang an dabei Zweifel aufsteigen müßten, indem je nach Lebensaltern und Erfahrungen unser Urteil in eigenen Sachen sich stark ändern kann; erst die letzte Lebensstunde gewährt den abschließenden Spruch über diejenigen Menschen und Dinge, mit welchen wir in Berührung gekommen sind; – und dieser Spruch kann ganz verschieden lauten, je nachdem wir im vierzigsten oder im achtzigsten Jahre sterben; – und er hat doch nur eine subjektive Wahrheit für uns selbst und keine objektive. Das erlebt vollends Jeder, daß ihm früher gehegte Wünsche später als Torheit vorkommen.

Trotz allem haben sich geschichtliche Urteile über Glück und Unglück in der Vergangenheit gebildet, sowohl solche über einzelne Ereignisse als solche über ganze Zeiten und Zustände. (...)

Wir urteilen z. B. folgendermaßen:

Es war ein Glück, daß die Griechen über die Perser, Rom über Karthago siegte. –

Ein Unglück, daß Athen im peloponnesischen Kriege den Spartanern unterlag. –

Ein Unglück, daß Cäsar ermordet wurde, bevor er dem römischen Weltreich eine angemessene Form sichern konnte. –

Ein Unglück, daß in der Völkerwanderung so unendlich Vieles von den höchsten Errungenschaften des menschlichen Geistes unterging. –

Ein Glück aber, daß die Welt dabei erfrischt wurde durch neuen gesunden Völkerstoff. –

Ein Glück, daß Europa im VIII. Jahrhundert sich im ganzen des Islams erwehrte. –

Ein Unglück, daß die deutschen Kaiser im Kampf mit den Päpsten unterlagen, und daß die Kirche eine so furchtbare Gewaltherrschaft entwickeln konnte. –

Ein Unglück, daß die Reformation sich nur in halb Europa vollzog und daß der Protestantismus sich in zwei Konfessionen teilte. –

Ein Glück, daß Spanien und dann Ludwig XIV. mit ihren Weltherrschaftsplänen am Ende unterlagen usw.

Freilich, je näher der Gegenwart, desto mehr gehen dann die Urteile auseinander. Man könnte aber sagen, daß damit gegen das Urteilen an sich nichts bewiesen sei, indem dasselbe, sobald man eine etwas größere Zeitenfolge übersehe, sein gutes Recht habe und die Ursachen und Wirkungen, die Ereignisse und Folgen richtig schätzen könne. (...)

Wer ist es nun aber, der im ganzen diese Urteile fällt? Es ist eine Art von literarischem Konsensus, allmählich angehäuft aus Wünschen und Räsonnements der Aufklärung und aus den wahren oder vermeinten Resultaten einer Anzahl vielgelesener Historiker.

Auch verbreiten sie sich nicht absichtslos, sondern sie werden oft publizistisch verbraucht zu Beweisen für oder gegen bestimmte Richtungen der Gegenwart. Sie gehören mit zu dem umständlichen Gepäck der öffentlichen Meinung und tragen zum Teil sehr deutlich (schon in der Heftigkeit, resp. Grobheit ihres Auftretens) den Stempel der betreffenden Zeitlichkeit. Sie sind die Todfeinde der wahren geschichtlichen Erkenntnis. (...)

Sehr beliebt ist in den jetzigen Zeiten das Urteil nach der *Größe.* Man kann zwar dabei nicht leugnen, daß rasch und hoch entwickelte politische Macht herrschender Völker und Einzelner nur zu erkaufen war durch das Leiden von Unzähligen; allein man veradelt das Wesen des Herrschers und seiner Umgebung nach Kräften und legt in ihn alle möglichen Ahnungen derjenigen Größe und Güte, welche später sich an die Folgen seines Tuns angeknüpft hat. Endlich setzt man voraus, der Anblick des Genius hat verklärend und beglückend auf die von ihm behandelten Völker gewirkt.

Mit dem Leiden der Unzähligen aber verfährt man als mit einem »vorübergehenden Unglück« äußerst kühl; man verweist auf die unleugbare Tatsache, daß dauernde Zustände, also nachheriges »Glück«, sich überhaupt fast nur dann gebildet haben, wenn schreckliche Kämpfe die Machtstellung so oder so entschieden hatten; in der Regel beruht Herkommen und Dasein des Urteilenden auf so gewonnenen Zuständen, und daher seine Nachsicht.

Und nun endlich die gemeinsame Quelle, die durch alle diese Urteile hindurchsickert, das schon längst durch alles Bisherige hindurchklingende Urteil des *Egoismus!* »Wir« urteilen so und so; freilich ein Anderer, der – vielleicht auch aus Egoismus – das Gegenteil meint, sagt auch »wir«, und in absolutem Sinne ist damit so viel erreicht als mit den Wünschen nach Regen oder Sonnenschein je nach den Interessen des einzelnen Landbauers.

Unsere tiefe und höchst lächerliche Selbstsucht hält zunächst diejenigen Zeiten für glücklich, welche irgend eine Aehnlichkeit mit unserem Wesen haben; sie hält ferner diejenigen vergangenen Kräfte und Menschen für löblich, auf deren Tun unser jetziges Dasein und relatives Wohlbefinden gegründet scheint.

Ganz als wäre Welt und Weltgeschichte nur unsertwillen vorhanden. Jeder hält nämlich seine Zeit für die Erfüllung der Zeiten und nicht bloß für eine der vielen vorübergehenden Wellen. (...)

Wir müßten überhaupt suchen, den Ausdruck »Glück« aus dem Völkerleben loszuwerden und durch einen anderen zu ersetzen, während wir, wie sich weiter zeigen wird, den Ausdruck »Unglück« beizubehalten haben. (...)

Und nun ist das Böse auf Erden allerdings ein Teil der großen weltgeschichtlichen Ökonomie: es ist die Gewalt, das Recht des Stärkeren über den Schwächeren, vorgebildet schon in demjenigen Kampf ums Dasein, welcher die ganze Natur, Tierwelt wie Pflanzenwelt, erfüllt, weitergeführt in der Menschheit durch Mord und Raub in den früheren Zeiten, durch Verdrängung resp. Vertilgung oder Knechtung schwächerer Rassen, schwächerer Völker innerhalb derselben Rasse, schwächerer Staatenbildungen, schwächerer gesellschaftlicher Schichten innerhalb desselben Staates und Volkes.

Der Stärkere ist als solcher noch lange nicht der Bessere. Auch in der Pflanzenwelt ist ein Vordringen des Gemeineren und Frecheren hie und da erweisbar. In der Geschichte aber bildet das Unterliegen des Edlen, weil es in der Minorität ist, besonders für solche Zeiten eine große Gefahr, da eine sehr allgemeine Kultur herrscht, welche sich alle Rechte der Majorität beilegt. Und nun waren alle diese unterlegenen Kräfte vielleicht edler und besser; allein die Sieger, obwohl nur von Herrschsucht vorwärts getrieben, führen eine Zukunft herbei, von welcher sie selbst noch keine Ahnung haben. Nur in der Dispensation der Staaten vom allgemeinen Moralgesetz, bei fortwährender Geltung desselben für den Einzelnen, blickt etwas wie eine Ahnung durch.

Das größte Beispiel bietet das römische Weltreich, begonnen mit den entsetzlichsten Mitteln bald nach Erlöschen des Kampfes zwischen Patriziern und Plebejern in Gestalt der Samniterkriege, vollendet durch Unterwerfung von Orient und Okzident mit unermeßlichen Strömen von Blut.

Hier erkennen wir im Großen einen wenigstens für uns recht scheinbaren weltgeschichtlichen Zweck: die Schöpfung einer gemeinsamen Weltkultur, wodurch auch die Verbreitung einer neuen Weltreligion möglich wurde, beides überlieferbar auf die barbarischen Germanen der Völkerwanderung als künftiger Zusammenhalt eines neuen Europas.

Allein daraus, daß aus Bösem Gutes, aus Unglück relatives Glück geworden ist, folgt noch gar nicht, daß Böses und Unglück nicht anfänglich waren, was sie waren. Jede gelungene Gewalttat war böse und ein Unglück und allermindestens ein gefährliches Beispiel.

Konfuzius

Staatsregierung

Dsï Gung fragte nach (der rechten Art) der Regierung. Der Meister sprach: »Für genügende Nahrung, für genügende Wehrmacht und für das Vertrauen des Volkes (zu seinem Herrscher) sorgen.« Dsï Gung sprach: »Wenn man aber keine Wahl hätte, als etwas davon aufzugeben: auf welches von den drei Dingen könnte man am ehesten verzichten?« (Der Meister) sprach: »Auf die Wehrmacht.« Dsï Gung sprach: »Wenn man aber keine Wahl hätte, als auch davon eines aufzugeben: auf welches der beiden Dinge könnte man am ehesten verzichten?« (Der Meister) sprach: »Auf die Nahrung. Von alters her müssen alle sterben; wenn aber das Volk keinen Glauben hat, so läßt sich keine (Regierung) aufrichten.«

Freiherr Gi Kang fragte den Meister Kung nach (dem Wesen) der Regierung und sprach: »Wenn man die Übertreter tötet, um denen, die auf rechtem Wege wandeln, zu helfen: wie wäre das?« Meister Kung entgegnete und sprach: »Wenn Eure Hoheit die Regierung ausübt, was bedarf es dazu des Tötens? Wenn Eure Hoheit das Gute wünscht, so wird das Volk gut. Das Wesen des Herrschers ist der Wind, das Wesen der Geringen ist das Gras. Das Gras, wenn der Wind darüber hinfährt, muß sich beugen.«

Fürst Ai fragte den Yu Jo und sprach: »Dies Jahr ist Teuerung, die Bedürfnisse lassen sich nicht decken. Was ist zu tun?« Yu Jo entgegnete und sprach: »Warum nicht den allgemeinen Zehnten durchführen?« (Der Fürst) sprach: »Mit zwei Zehnten habe ich noch immer nicht genug. Was soll man da mit dem einfachen Zehnten anfangen?« Er entgegnete und sprach: »Wenn die Untertanen genug haben, von wem bekäme der Fürst nicht genug? Wenn die Untertanen nicht genug haben, von wem bekäme der Fürst genug?«

Charlotte Perkins Gilman

Die wirtschaftlichen Beziehungen der Geschlechter

Seit wir gelernt haben, die Entwickelung des menschlichen Lebens aus denselben Gesichtspunkten zu betrachten wie die Entwickelung der übrigen organischen Welt, zeigen sich uns gewisse eigentümliche Erscheinungen, die den Philosophen und den Ethiker lange in Verlegenheit gebracht und verwirrt haben, in einem ganz neuen Licht. Wir mußten nach und nach einsehen, daß die Schmerzen und Widerwärtigkeiten unseres Daseins – weit entfernt, unerforschliche Probleme zu sein, die zu lösen einem anderen Leben vorbehalten ist – nur die natürlichen Folgen natürlicher Ursachen sind, und daß, sobald wir diese Ursachen erkannt, wir bereits den ersten Schritt zu ihrer Beseitigung getan haben.

Es steht fest, daß – bei aller Macht des persönlichen Willens, gegen gegebene Zustände anzukämpfen, denselben eine Zeitlang zu widerstehen, sie zuweilen zu überwinden – die menschliche Kreatur doch in gleichem Maße wie jede andere durch die sie umgebenden Verhältnisse beeinflußt wird. (...)

Wie alle Tiere und Pflanzen werden auch wir durch Klima und Bodenbeschaffenheit, durch physikalische, chemische, elektrische Kräfte beeinflußt. Mit den Tieren haben wir ferner die Anpassung an unsere eigene Tätigkeit, den rückwirkenden Einfluß der Übung unserer Organe gemeinsam. Was wir selbst tun, und was an uns getan wird, macht uns zu dem, was wir sind. Außer diesen Faktoren wirken aber auch solche auf uns ein, die unsere besondere menschliche Eigenart kennzeichnen – nämlich die *sozialen* Verhältnisse, unter denen wir leben. In dem organisierten Verkehr, der unser soziales Leben bildet, beeinflussen wir uns gegenseitig in einem viel höheren Grade, als es bei anderen Herdentieren der Fall ist. Dieser dritte Faktor, das *soziale Milieu,* ist von größter Wichtigkeit und ausschlaggebend für die Entwickelung der menschlichen Rasse. Vor allem aber sind dabei die durch unsere *wirtschaftlichen* Bedürfnisse hervorgerufenen sozialen Beziehungen in ihrer Wirkung die eigentlich entscheidenden. (...)

Wenden wir nun angesichts dieser Tatsachen unsere Aufmerksamkeit den besonderen und eigentümlichen wirtschaftlichen Verhältnissen zu, unter denen die menschliche Rasse lebt, Verhältnissen, die in der ganzen organischen Welt einzig dastehen. *Die Menschen sind die einzige tierische Spezies, in welcher das Weib in bezug auf seine Ernährung auf den Mann angewiesen ist, die einzige, in welcher daher die geschlechtlichen Beziehungen zugleich ökonomische Beziehungen bedeuten.* Das eine Geschlecht lebt in vollständiger wirtschaftlicher Abhängigkeit von dem anderen Geschlecht – und damit ist seine sexuelle Abhängigkeit eng verknüpft. Für die wirtschaftliche Stellung des Weibes sind ihre geschlechtlichen Beziehungen maßgebend.

Es wird vielfach angenommen, daß dies Verhältnis auch in der übrigen Tierwelt besteht; dies ist aber nicht der Fall. Wohl kommt es bei vielen Vogelarten vor, daß das Männchen während der Brutzeit dem Weibchen bei der Fütterung der Jungen hilft und sie zum Teil mitfüttert; auch bei einigen der höher entwickelten fleischfressenden Tiere können wir die gleiche Erscheinung beobachten. Aber in keinem dieser Fälle ist sie vollständig von ihm abhängig, selbst während dieser Zeit nicht. Eine Ausnahme bildet das Weibchen des Hornvogels, welches auf seinem Nest in einem hohlen Baume sitzend, von dem Lehm und Erde herzutragenden Männchen förmlich eingemauert wird, bis nur noch sein Schnabel heraussteht; dann füttert er sie, solange sie ihre Jungen ausbrütet. Aber selbst der weibliche Hornvogel erhebt nicht den Anspruch, zu anderen Zeiten gefüttert zu werden. Die weiblichen Bienen und Ameisen sind wirtschaftlich abhängig, aber nicht von den männlichen Bienen und Ameisen. Die Arbeiter unter ihnen sind gleichfalls weiblichen Geschlechts, wenn sie auch ausschließlich ihren wirtschaftlichen Funktionen leben. Bei den fleischfressenden Tieren können die Jungen viel eher den Vater entbehren als die Mutter, die vollkommen imstande ist, allein für sie zu sorgen. Bei manchen Spezies, wie zum Beispiel der unserer Hauskatze, ernährt das Weibchen nicht nur sich selbst und seine Jungen, sondern hat diese auch noch häufig gegen das Männchen zu verteidigen. In keinem einzigen Fall aber wird das Weibchen sein ganzes Leben lang vom Männchen unterhalten.

Beim Menschen dagegen ist dieser Zustand allgemein und *dauernd,* wenn es auch immer Ausnahmen gegeben hat und wenn auch das letzte Jahrhundert bereits von einem sich vorbereitenden Wandel in dieser Hinsicht Zeugnis ablegte. Wir waren aber bisher nicht gewohnt, die Tatsache in einem anderen Lichte als dem einer bequemen Verallgemeinerung zu sehen, daß das eben »natürlich« und daß es bei anderen Geschöpfen genau ebenso sei. (...)

Da die Männer jagen, fischen, Viehzucht treiben, Getreide bauen, essen die Frauen Wild, Fische, Rindfleisch und Brot. Da die Männer sich Fahrzeuge bauen, zur See gehen, aus fernen Ländern Kaffee und Gewürz, seidene Stoffe, Edelsteine mitbringen, ist auch den Frauen ihr Anteil am Kaffee, an Gewürzen, seidenen Stoffen und Edelsteinen gesichert. Die wirtschaftlichen Verhältnisse der menschlichen Rasse, bei allen Völkern und zu allen Zeiten, werden hauptsächlich von der Tätigkeit des Mannes beherrscht; die Frau erhält ihren Anteil an allen Errungenschaften der Kultur vorläufig nur durch ihn.

Noch sichtbarer, deutlicher und eindringlicher stellt sich uns diese Tatsache am einzelnen Individuum dar. Das ärmliche, geflickte Kleid wie die blitzenden Juwelen der Gattin, das niedere Dach wie der prunkende Palast, ihre müden Füße wie ihre glänzende Equipage – sie bezeichnen klar und unzweifelhaft die wirtschaftliche Potenz des Gatten, vom Tagelöhner bis zum Millionär. Alles, was die Frau für ihr Behagen, für ihren Luxus und für die Notdurft des Lebens empfängt, wird von ihrem Gatten erworben und ihr von ihm gegeben. Und wenn sie, auf sich selbst gestellt, ohne einen Mann als »Ernährer« zur Seite, ihre wirtschaftlichen Bedürfnisse selbst zu decken sucht, so beweisen die Schwierigkeiten, auf die sie dabei stößt, am besten ihre prekäre Stellung in unserem Wirtschaftsleben. Niemand wird also die offenkundige Tatsache bestreiten können, daß die wirtschaftliche Stellung des weiblichen Geschlechts im allgemeinen von derjenigen der einzelnen Männer abhängt, zu deren Familie sie gehören.

Hier wird uns nun sogleich die landläufige Anschauung entgegengehalten werden, daß – wenn es auch zugegeben werden müsse, daß der Mann die Werte und Güter der Welt produziert und verteilt – die Frau doch ihren Anteil daran als Ehefrau *mit erwirbt.* Dabei müßten wir aber entweder voraussetzen, daß der Gatte die Stellung des Arbeitgebers, die Gattin die des Arbeitnehmers einnimmt, oder aber, daß die Ehe ein Kompaniegeschäft und die Frau der ebenbürtige Partner des Mannes in der Herstellung des Lebensbedarfes sei.

Im weitesten Sinne des Wortes sind alle Geschöpfe wirtschaftlich von einander abhängig – die Tiere von den Pflanzen, der Mensch von beiden. In einem engeren Sinne beruht unser ganzes soziales Leben auf einer gegenseitigen Abhängigkeit, da der einzelne Mensch unter keinen Umständen leisten könnte, was nur durch das Zusammenarbeiten der Gesamtheit hervorgebracht werden kann. Im engsten Sinne des Wortes möchten wir den Begriff der persönlichen wirtschaftlichen Unabhängigkeit unter einzelnen Individuen dahin präzisieren, daß der einzelne *bezahlt, was er empfängt,* oder dafür arbeitet – mit anderen Worten, daß er für jede Leistung eine Gegenleistung, ein

Äquivalent für alles das gibt, was ein andrer ihm gibt. Ich bin in bezug auf meine Kleider, meine Schuhe vom Schneider, vom Schuhmacher abhängig; aber wenn ich dem Schneider und dem Schuhmacher so viel von meiner Arbeit (oder meinem Arbeitsertrag) gebe, wie diese Kleider und Schuhe wert sind, so gewinne ich dadurch meine persönliche Unabhängigkeit wieder. Ich habe nichts von ihren Produkten genommen, wofür ich ihnen nicht etwas von den meinigen gegeben hätte. Solange das, was ich empfange, durch das, was ich gebe, ausgeglichen wird, bin ich wirtschaftlich unabhängig.

Die Frauen konsumieren Werte. Welche anderen aber geben sie dafür im Austausch? Die Auffassung, daß die Ehe ein Kompagniegeschäft sei, in welchem die beiden Partner Güter schaffen, die keiner von ihnen einzeln herstellen könnte, hält selbst vor der oberflächlichsten Prüfung nicht stand. Der glückliche und von häuslichem Behagen umgebene Mann wird mehr leisten und leichter schaffen können als der vereinsamte, in unbehaglichen Verhältnissen lebende – aber das trifft ebenso auf den Vater oder Sohn wie auf den Gatten zu. Den Mann um die Bedingungen bringen, die sein Behagen begründen und sein Leben erleichtern, heißt im allgemeinen soviel, wie seine Leistungsfähigkeit und seine Tatkraft herunterdrücken. Aber die Angehörigen, die dies Behagen um ihn verbreiten, sind darum nicht seine geschäftlichen Partner und in keiner Weise berechtigt, sein Einkommen zu teilen.

Das Behagen, das dem Manne durch das Walten seiner Frau bereitet wird, dankbare Anerkennung für eine angenehme Häuslichkeit hat mit den Bedingungen eines Kompagniegeschäftes nichts zu tun, ebensowenig der häusliche Fleiß der Gattin oder ihre Sparsamkeit. Eine Haushälterin an ihrer Stelle könnte ebenso sparsam sein, und niemand würde sie als eine Geschäftsteilhaberin ansehen. In einer Hinsicht sind Mann und Weib allerdings richtige Partner, in der gegenseitigen Verbindlichkeit für ihre Kinder, in ihrer gemeinsamen Liebe, Pflicht und Arbeit für diese. Aber der Fabrikant, der sich verheiratet, der Arzt, der Anwalt nimmt nur in den sehr seltenen Fällen mit der Lebensgefährtin zugleich einen Kompagnon an, wo die letztere ebenfalls Fabrikant, Ärztin, Anwalt und so weiter ist. Ohne eine eigene berufliche Ausbildung kann sie ihm in seinem Beruf nicht den einfachsten Rat erteilen, und die Liebe zu ihrem Gatten, dem Produzenten, befähigt sie keineswegs, selbst zu produzieren. Der Verlust der Gattin, auch wenn er ihm noch so nahe geht, beeinträchtigt ihn daher beruflich und geschäftlich nicht, oder doch nur insoweit, als sein Geist und seine Willenskraft dadurch gebrochen würde. Die Frau ist daher nur in den seltenen Fällen als die Partnerin des Mannes anzusehen, wenn sie ihr Kapital oder ihre Kenntnisse oder ihre Arbeit zu seinem Geschäft beisteuert, wie es ein männlicher Partner tun würde. Die meisten Männer würden aber wohl heute noch Bedenken tragen, mit einer Frau in ein Kompagniegeschäft zu treten, gleichviel ob Gattin oder nicht.

Wenn also nicht in dieser Eigenschaft, in welcher anderen verdient sie die Nahrung, Kleidung und Wohnung, die sie vom Gatten empfängt? – Durch ihre häusliche Arbeit, wird man uns hier sogleich erwidern. Es ist die allgemeine unklare Auffassung, daß die Frau alles, was sie empfängt – und mehr als das – rechtmäßig durch ihre Arbeit im Hause erwirbt, und hier berühren wir zum ersten Mal einen anscheinend sicheren und praktischen wirtschaftlichen Boden. Obgleich nicht eigentlich Produzentin von Gütern, wirkt die Frau doch mit an den wichtigen Vorgängen der Vorbereitung und Verteilung derselben. Ihre Arbeit im Hause repräsentiert einen wirklichen wirtschaftlichen Wert.

Die Mitwirkung eines gewissen Prozentsatzes von Personen im Dienste anderer, zum ausschließlichen Zweck, damit diese anderen mehr in der Hervorbringung positiver Werte leisten können, ist ein Moment, welches wir nicht übersehen dürfen.

Die Arbeiten der Frau im Hause setzen den Mann ohne Zweifel in den Stand, mehr an Werten zu produzieren, als es ihm sonst möglich sein würde, und in diesem Sinne sind die Frauen auch als wirtschaftliche Faktoren in unserem sozialen Leben zu betrachten. Aber das gleiche gilt zum Beispiel auch von den Pferden. Die Arbeit des Pferdes setzt den Mann ebenfalls in den Stand, mehr an Werten zu produzieren, als es ihm sonst möglich sein würde. Aber ökonomisch unabhängig ist das Pferd darum nicht – *und die Frau ist es ebensowenig.* Wenn ein Mann mit einem Diener mehr nützliche Arbeit leisten kann, als er *ohne* den Diener leisten könnte, so leistet der Diener selbst dadurch eine nützliche Arbeit. Wenn aber der Diener sozusagen das Eigentum des Mannes ist, das heißt wenn er gezwungen ist, diese Arbeit zu leisten, und *wenn er nicht dafür bezahlt wird,* ist er nicht wirtschaftlich unabhängig.

Die Arbeit, die die Frau im Hause verrichtet, ist ihr als ein Teil ihrer hausfraulichen Pflichten übertragen, nicht als ein zu honorierendes Amt. Aber sowohl die Frau des kleinen Mannes, die in ihrem ärmlichen Heim die Last der gesamten Hausarbeit allein zu tragen, wie die Frau des Reichen, die mit Anmut und Geschick die Verwaltung des größten Hauswesens zu leiten, alle seine Funktionen zu überwachen hat, sie sind berechtigt, einen Lohn für die von ihnen geleisteten Dienste zu fordern.

Wenn wir daran festhalten und die logischen Konsequenzen ziehen wollten, so hätten also die Ehefrauen entsprechend ihrer häuslichen Arbeitsleistung die Gehälter von Köchinnen, Hausmädchen, Kindermädchen, Näherinnen oder Haushälterinnen zu beanspruchen – aber nicht mehr. Dadurch würde selbstverständlich das Taschengeld der Frauen der oberen Zehntausend sehr reduziert werden, dem armen Mann aber würde es unmöglich gemacht, eine Frau überhaupt zu unterhalten – wenn er nicht etwa die Sachlage bis zu ihren letzten Konsequenzen erfaßte und ihr zwar ihren Lohn als häusliche Arbeiterin zahlte, sich dann aber mit ihr in die Erhaltung der Kinder und des Hauswesens teilte. Er hätte dann eine Magd, und sie wäre gleich ihm »Ernährerin« der Familie. Aber nirgends auf der Welt würde es unter diesen Umständen »reiche Frauen«, das heißt reiche Ehefrauen geben, denn nicht die bestbezahlte Haushälterin erster Klasse, so wertvoll ihre Dienste dem Hause sein mögen, kann ein Vermögen sammeln, kann Diamanten und kostbare Pelze kaufen und eine Equipage halten. Dergleichen erwirbt man durch Hausarbeit nicht.

Als springender Punkt geht also aus dieser Untersuchung hervor, daß – welches immer der Wert der häuslichen Arbeit der Frauen sein möge – sie die entsprechende Entlohnung dafür nie erhalten. (...)

Nach anderer Auffassung erwirbt die Frau ihren Unterhalt durch ihre Mutterschaft, das heißt durch die besondere und wichtige Naturaufgabe, die sie in der menschlichen Gesellschaft zu erfüllen hat, von der man immer mit großem Gefühlsaufwande spricht, aber sehr oft, ohne sich über dieselbe klar zu sein. Wenn wir diese Aufgabe vom wirtschaftlichen Standpunkt betrachten und uns fragen, welche Gegenleistung an Gütern oder Arbeit die Frauen für die Güter und die Arbeit bieten, die sie erhalten, für Kleider und Schuhe, Hausgerät und Essen und Wohnung, dann belehrt man uns, daß ihre Pflichten und Leistungen als Mutter sie zu diesem Unterhalt berechtigen. Wenn dem so wäre, wenn die Mutterschaft von den Frauen gleichsam als Entgelt für Kleider und Nahrung eingetauscht würde, dann müßte selbstverständlich diese Mutterschaft quantitativ und qualitativ immer der Quantität und Qualität der dafür eingetauschten Güter entsprechen. In diesem Falle kämen dann Frauen, die nicht Mütter sind, wirtschaftlich überhaupt nicht in Betracht; die ökonomischen Ansprüche derjenigen aber, die Mütter sind, müßten stets im Verhältnis zu dieser

Mutterschaft stehen. Die Annahme wäre offenbar absurd. Die kinderlose Frau ist so gut gestellt wie die Mutter einer zahlreichen Familie – ja *besser*, denn die Kinder der letzteren verzehren mit, was anderenfalls ihr allein zufallen würde; auch ist die untüchtige Mutter nicht schlechter gestellt als die tüchtige – kurz, von welcher Seite wir die Sache auch ansehen mögen, die Frau wird vom Mann nicht im Hinblick auf ihre mütterlichen Leistungen erhalten, ihre wirtschaftliche Stellung steht also auch zu ihrer Mutterschaft in keiner Beziehung. (...)

Während bei anderen Tiergattungen Weibchen und Männchen um die Wette weiden und grasen, jagen und töten, klettern, schwimmen, graben, laufen, fliegen, um ihre Nahrung zu erlangen, verzichtet das Weibchen der menschlichen Spezies darauf, die Vorteile zu benutzen, die ihr ihre Kräfte und Fähigkeiten zur Erlangung ihres Unterhaltes bieten, und läßt sich vom Männchen füttern.

Nun aber ein Wort über die praktische Notwendigkeit. Es heißt, daß wegen ihrer Mutterpflichten die Frau nicht imstande sei, für ihren eigenen Unterhalt zu sorgen. Da nun die Mutterpflichten das Weibchen anderer Tiergattungen nicht unfähig machen, ihren eigenen und den Unterhalt ihrer Jungen zu gewinnen, so müßte man annehmen, daß die menschlichen Mutterpflichten die Betätigung aller Fähigkeiten und Kräfte der Mutter im Dienst des Kindes während ihres ganzen Lebens oder wenigstens während einer so langen Periode desselben in Anspruch nehmen, daß für ihre individuellen Bedürfnisse und Interessen nichts mehr übrig bliebe.

Wenn die Tatsachen diese Annahme bestätigten, würden sie natürlich auch die Abhängigkeit der Frau, ihre Ernährung durch den Mann erklären und rechtfertigen. Die Bienenkönigin, die ausschließlich für den Beruf der Mutterschaft bestimmt ist, wird auch ernährt, allerdings nicht von den männlichen Bienen, sondern von ihren Geschlechtsgenossinnen, den »alten Jungfern«, den unfruchtbaren Arbeitsbienen, die auf diese Weise ihren Anteil an den mütterlichen Pflichten des Schwarmes erfüllen. So würde auch die Frau, wenn sie *ausschließlich* zur Mutterschaft bestimmt wäre, unfähig für jede andere Leistung und ihr Leben lang zu hilfloser Abhängigkeit verdammt sein.

Ist das in der Tat der Fall? Verliert sie durch ihre Mutterschaft die Herrschaft über ihren Geist und Körper, verliert sie Fähigkeit, Geschick und Lust zu jeder anderen Leistung?

Rainer Maria Rilke

Adam

Staunend steht er an der Kathedrale
steilem Aufstieg, nah der Fensterrose,
wie erschreckt von der Apotheose,
welche wuchs und ihn mit einem Male

niederstellte über die und die.
Und er ragt und freut sich seiner Dauer
schlicht entschlossen; als der Ackerbauer,
der begann, und der nicht wußte, wie

aus dem fertig-vollen Garten Eden
einen Ausweg in die neue Erde
finden. Gott war schwer zu überreden;

und er drohte ihm, statt zu gewähren,
immer wieder, daß er sterben werde.
Doch der Mensch bestand: sie wird gebären.

Eva

Einfach steht sie an der Kathedrale
großem Aufstieg, nah der Fensterrose,
mit dem Apfel in der Apfelpose,
schuldlos-schuldig ein für alle Male

an dem Wachsenden, das sie gebar,
seit sie aus dem Kreis der Ewigkeiten
liebend fortging, um sich durchzustreiten
durch die Erde, wie ein junges Jahr.

Ach, sie hätte gern in jenem Land
noch ein wenig weilen mögen, achtend
auf der Tiere Eintracht und Verstand.

Doch da sie den Mann entschlossen fand,
ging sie mit ihm, nach dem Tode trachtend;
und sie hatte Gott noch kaum gekannt.

John O'Donohue

Anam Ċara

In der keltischen Überlieferung finden wir eine tiefe Einsicht in das Wesen der Liebe und der Freundschaft. Eine besonders schöne traditionelle Vorstellung ist in diesem Zusammenhang der Begriff der »Seelen-Liebe«; der alte gälische Ausdruck hierfür ist *Anam Ċara. Anam* bedeutet »Seele« und *Ċara*

»Freund«. »Anam Ċara« war in der keltischen Welt also der »Seelenfreund«. In der frühen keltischen Kirche wurde jemand, der für einen als Lehrer, Gefährte oder spiritueller Mentor fungierte, Anam Ċara genannt. Ursprünglich war der Anam Ċara der Mitbruder, mit dem ein Mönch seine Zelle teilte, bei dem er die Beichte ablegte und mit dem er alles besprach, was ihn bewegte. Dem Anam Ċara konnte man sein Innerstes, seinen Geist und sein Herz offenbaren. Diese Freundschaft war ein inniger Akt der Anerkennung und der Zu-Wendung. Die Beziehung zum Anam Ċara war eine Freundschaft, die sich über alle Grenzen der Konvention, Moral und begrifflichen Kategorisierung hinwegsetzte: Man war auf eine urtümliche und ewige Weise mit dem »Freund seiner Seele« verbunden. Der keltische Begriff von der Seele war und ist durch keinerlei zeitliche oder räumliche Kategorien eingeschränkt. Es gibt keinen Käfig für die Seele. Die Seele ist ein göttliches Licht, das in uns und in unseren Anderen hineinfließt. Diese Kunst des Zugehörens erweckte und förderte eine innige, ganz besondere Freundschaft. Der spätrömische Kirchenschriftsteller Johannes Cassianus bezeichnete dieses Freundschaftsband in seinen ›Bekenntnissen‹ als unauflöslich: »Dieses, sage ich, wird durch keinerlei Zufälle zerbrochen, durch keinerlei zeitliche oder räumliche Trennung gelöst noch zunichte gemacht und dauert selbst über den Tod hinaus.«

Jeder von uns hätte einen Anam Ċara, einen Seelenfreund, sehr nötig. Eine solche Liebe schenkt uns das Bewußtsein, verstanden zu werden und zwar so, wie wir sind, ohne Masken oder Verstellungen. Die Liebe gewährt dem Verständnis zu erwachen, und Verständnis ist wertvoll. Wo wir uns verstanden wissen, da sind wir zu Hause. Verständnis fördert die Zugehörigkeit. Wenn wir uns wirklich verstanden fühlen, können wir unser Selbst bedenkenlos der Seele unseres Gegenübers anvertrauen. Es gibt einen Vers von Pablo Neruda, der die im Kern einer solchen Beziehung ruhende Erkenntnis sehr schön zum Ausdruck bringt: »Niemandem gleichst du, weil ich dich liebe.« Diese Kunst des Liebens enthüllt die besondere, geheiligte Identität des Anderen. Die Liebe ist das einzige Licht, das die geheime Signatur der Individualität und der Seele des Anderen lesen kann. In der Welt des Ursprungs ist niemand sehend außer der Liebe; nur sie kann Identität und Bestimmung erkennen. Die Liebe ist also alles andere als sentimental. Tatsächlich ist sie die realste und kreativste Form des menschlichen Daseins überhaupt. Die Liebe ist die Schwelle, an der die göttliche und die menschliche Gegenwart unaufhörlich ineinander ebben und fluten.

Eduard Mörike

Nur zu!

Schön prangt im Silbertau die junge Rose,
Den ihr der Morgen in den Busen rollte,
Sie blüht, als ob sie nie verblühen wollte,
Sie ahnet nichts vom letzten Blumenlose.

Der Adler strebt hinan ins Grenzenlose,
Sein Auge trinkt sich voll von sprühndem Golde;
Er ist der Tor nicht, daß er fragen sollte,
Ob er das Haupt nicht an die Wölbung stoße.

Mag denn der Jugend Blume uns verbleichen,
Noch glänzet sie und reizt unwiderstehlich;
Wer will zu früh so süßem Trug entsagen?

Und Liebe, darf sie nicht dem Adler gleichen?
Doch fürchtet sie; auch fürchten ist ihr selig,
Denn all ihr Glück, was ist's? – ein endlos Wagen!

Epiktet

Was ist Einsamkeit?

Einsamkeit ist der Zustand eines Menschen, dem niemand helfen kann. Denn wer allein ist, ist darum nicht gleich auch einsam, wie auch umgekehrt derjenige, der sich in einer großen Gesellschaft befindet, einsam sein kann. Auf jeden Fall sagen wir, wenn wir einen Bruder, einen Sohn oder einen Freund verloren haben, an den wir uns anlehnen konnten, wir seien einsam und verlassen, obwohl wir oft in Rom sind, wo uns soviel Volk begegnet und mit uns zusammenlebt; und manchmal geht es uns sogar so, auch wenn wir viele Sklaven haben. Denn seiner Bedeutung nach bezeichnet das Wort »einsam« jemanden, der hilflos denen ausgeliefert ist, die ihm schaden wollen. Darum bezeichnen wir uns selbst besonders dann als einsam, wenn wir auf Reisen unter die Räuber fallen. Denn nicht schon der Anblick eines Menschen an sich befreit uns von Einsamkeit, sondern nur die Gegenwart eines zuverlässigen, rücksichtsvollen und hilfreichen Menschen. Denn wenn das Alleinsein schon genügte, um einsam zu sein, dann müßtest du auch behaupten, daß sogar Zeus angesichts des Weltbrandes einsam sei und über sich selbst weine: »Ich Unglücklicher, ich habe weder Hera, noch Athene oder Apollon, noch überhaupt einen Bruder, Sohn, Enkel oder anderen Verwandten.« Einige behaupten ja auch wirklich, er tue dies, wenn er beim Weltbrand allein sei. Denn sie können sich bei einem, der allein ist, gar kein anderes Verhalten vorstellen, weil sie von einem natürlichen Prinzip ausgehen, davon nämlich, daß der Mensch von Natur aus auf Gemeinschaft hin angelegt ist, seinesgleichen liebt und gern mit Menschen lebt. Aber nichtsdestoweniger muß man sich auch darauf einstellen, daß man sich selbst genügen und nur mit sich selbst allein sein kann. Wie Zeus nur mit sich selbst zusammen ist, in sich selbst ruht, das Wesen seines Waltens durchdenkt und in Betrachtungen versunken ist, die seiner würdig sind, so müssen auch wir in der Lage sein, nur mit uns selbst zu sprechen, keinen anderen zu benötigen und genau zu wissen, wie wir unser Leben verbringen sollen. Wir müssen über das göttliche Walten und über unser Verhältnis zu allen anderen Dingen nachdenken. Wir müssen überlegen, welche Beziehung wir früher zum Weltgeschehen hatten, welche heute; welches die Vorgänge sind, die uns noch beunruhigen; wie auch diese behandelt, wie sie endgültig beseitigt werden können. Falls noch irgendwelche von den Fähigkeiten in uns der Vollendung bedürfen, müssen wir sie im Sinne der ihnen innewohnenden Vernunft vollenden. Seht doch, daß uns der Kaiser einen großartigen Frieden zu verbürgen scheint: Es gibt keine Kriege, keine Kämpfe, keine nennenswerten Raubüberfälle und Piratenangriffe mehr. Man kann vielmehr zu jeder Zeit gefahrenlos reisen und die See vom Osten bis zum Westen befahren. Kann er uns etwa auch Schutz vor dem Fieber verschaffen oder vor Schiffbruch, Feuersbrunst, Erdbeben oder Blitzschlag? Oder vor der Leidenschaft? Er kann es nicht. Vor dem Kummer? Nein. Vor dem Neid? Nein. Vor überhaupt keinem Ereignis dieser Art. Dagegen verspricht die Lehre der Philosophen, auch vor diesen Ereignissen Schutz zu gewähren. Und was sagt sie? »Wenn ihr euch an mich haltet, ihr Menschen, wo auch immer ihr seid und was ihr auch tut, dann werdet ihr unbehelligt bleiben, nicht in Zorn geraten, keinem

Zwang ausgesetzt sein, unbehindert leben und ohne Leidenschaften und frei von allem Unglück euer Leben verbringen.« Wenn ein Mensch diesen Frieden gefunden hat, der ihm nicht vom Kaiser verkündet ist (denn woher sollte dieser die Macht nehmen, ihn zu verkünden), sondern von Gott durch die Vernunft verkündet ist, hat er dann nicht genug, sobald er allein ist und zugleich nachdenkt und sich besinnt: »Jetzt kann mir kein Übel widerfahren. Für mich existiert kein Räuber. Für mich gibt es kein Erdbeben. Alles ist erfüllt von Frieden, überall ist Stille. Kein Weg, keine Stadt, kein Begleiter, Nachbar oder Mitmensch kann dir schaden. Ein anderer, der sich darum kümmert, gibt dir Nahrung und Kleidung. Ein anderer gab dir das Wahrnehmungsvermögen und die allgemeinen Vorstellungen. Wenn er aber das zum Leben Notwendige nicht mehr gewährt, dann gibt er das Zeichen zum Rückzug; er hat die Tür geöffnet und sagt zu dir: ›Komm.‹ Wohin? Nicht in ein Reich des Schreckens, sondern dorthin, wo du hergekommen bist; du gehst ein in die vertraute und verwandte Materie; du löst dich auf in die Grundstoffe des Seins. Was in dir Feuer war, geht wieder ein in das Feuer, was Erde war, wird wieder Erde. Was Luft war, vereinigt sich wieder mit der Luft. Was Wasser war, geht zurück in das Wasser. Es gibt keinen Hades, keinen Acheron, keinen Kokytos und auch keinen Periphlegethon; vielmehr ist alles erfüllt von Göttern und göttlichen Mächten.«

Wer sich dies vorstellen kann und zur Sonne, zum Mond und zu den Sternen blickt und wer Freude hat an Erde und Meer, ist weder einsam noch hilflos. »Aber wenn mich jemand überfällt, wenn ich allein bin, und mich umbringt?« Du Tor, dich doch nicht, sondern nur deinen sterblichen Leib.

Was für eine Einsamkeit oder Hilflosigkeit bleibt da noch? Warum machen wir uns selbst hilfloser als die Kinder? Was tun sie, wenn sie allein gelassen werden? Sie sammeln sich Muscheln und Sand und bauen sich Häuser. Dann zerstören sie sie wieder und bauen sich wieder neue Häuser. Und so sind sie nie um Möglichkeiten einer sinnvollen Gestaltung ihres Lebens verlegen. Soll ich etwa, wenn ihr weggefahren seid, zu Hause sitzen und heulen, weil ich allein gelassen und so schrecklich einsam bin? Werde ich denn keine Muscheln und keinen Sand haben? Doch wenn die Kinder dies noch ohne vernünftige Überlegung schaffen, sollen wir uns dann mit unserer Vernunft unglücklich fühlen?

Arthur Schopenhauer

Von der Nichtigkeit und dem Leiden des Lebens

Aus der Nacht der Bewußtlosigkeit zum Leben erwacht findet der Wille sich als Individuum, in einer end- und gränzenlosen Welt, unter zahllosen Individuen, alle strebend, leidend, irrend; und wie durch einen bangen Traum eilt er zurück zur alten Bewußtlosigkeit. – Bis dahin jedoch sind seine Wünsche gränzenlos, seine Ansprüche unerschöpflich, und jeder befriedigte Wunsch gebiert einen neuen. Keine auf der Welt mögliche Befriedigung könnte hinreichen, sein Verlangen zu stillen, seinem Begehren ein endliches Ziel zu setzen und den bodenlosen Abgrund seines Herzens auszufüllen. Daneben nun betrachte man, was dem Menschen, an Befriedigungen jeder Art, in der Regel, wird: es ist meistens nicht mehr, als die, mit unablässiger Mühe und steter Sorge, im Kampf mit der Noth, täglich errungene, kärgliche Erhaltung dieses Daseyns selbst, den Tod im Prospekt. – Alles im Leben giebt kund, daß das irdische Glück bestimmt ist, vereitelt oder als eine Illusion erkannt zu werden. Hiezu liegen tief im Wesen der Dinge die Anlagen. Demgemäß fällt das Leben der meisten Menschen trübsälig und kurz aus. Die komparativ Glücklichen sind es meistens nur scheinbar, oder aber sie sind, wie die Langlebenden, seltene Ausnahmen, zu denen eine Möglichkeit übrig bleiben mußte, – als Lockvogel. Das Leben stellt sich dar als ein fortgesetzter Betrug, im Kleinen, wie im Großen. Hat es versprochen, so hält es nicht; es sei denn, um zu zeigen, wie wenig wünschenswerth das Gewünschte war: so täuscht uns also bald die Hoffnung, bald das Gehoffte. Hat es gegeben: so war es, um zu nehmen. Der Zauber der Entfernung zeigt uns Paradiese, welche wie optische Täuschungen verschwinden, wann wir uns haben hinäffen lassen. Das Glück liegt demgemäß stets in der Zukunft, oder auch in der Vergangenheit, und die Gegenwart ist einer kleinen dunklen Wolke zu vergleichen, welche der Wind über die besonnte Fläche treibt: vor ihr und hinter ihr ist Alles hell, nur sie selbst wirft stets einen Schatten. Sie ist demnach allezeit ungenügend, die Zukunft aber ungewiß, die Vergangenheit unwiederbringlich. Das Leben, mit seinen stündlichen, täglichen, wöchentlichen und jährlichen, kleinen, größern und großen Widerwärtigkeiten, mit seinen getäuschten Hoffnungen und seinen alle Berechnung vereitelnden Unfällen, trägt so deutlich das Gepräge von etwas, das uns verleidet werden soll, daß es schwer zu begreifen ist, wie man dies hat verkennen können und sich überreden lassen, es sei da, um dankbar genossen zu werden, und der Mensch, um glücklich zu seyn. Stellt doch vielmehr jene fortwährende Täuschung und Enttäuschung, wie auch die durchgängige Beschaffenheit des Lebens, sich dar, als darauf abgesehen und berechnet, die Ueberzeugung zu erwekken, daß gar nichts unsers Strebens, Treibens und Ringens werth sei, daß alle Güter nichtig seien, die Welt an allen Enden bankrott, und das Leben ein Geschäft, das nicht die Kosten deckt; – auf daß unser Wille sich davon abwende. (...)

Weil nun aber unser Zustand vielmehr etwas ist, das besser

nicht wäre; so trägt Alles, was uns umgiebt, die Spur hievon – gleich wie in der Hölle Alles nach Schwefel riecht, – indem Jegliches stets unvollkommen und trüglich, jedes Angenehme mit Unangenehmem versetzt, jeder Genuß immer nur ein halber ist, jedes Vergnügen seine eigene Störung, jede Erleichterung neue Beschwerde herbeiführt, jedes Hülfsmittel unserer täglichen und stündlichen Noth uns alle Augenblicke im Stich läßt und seinen Dienst versagt, die Stufe, auf welche wir treten, so oft unter uns bricht, ja, Unfälle, große und kleine, das Element unsers Lebens sind, und wir, mit Einem Wort, dem Phineus gleichen, dem die Harpyen alle Speisen besudelten und ungenießbar machten. Zwei Mittel werden dagegen versucht: erstlich die *ευλαβεια*, d. i. Klugheit, Vorsicht, Schlauheit: sie lernt nicht aus und reicht nicht aus und wird zu Schanden. Zweitens, der Stoische Gleichmuth, welcher jeden Unfall entwaffnen will, durch Gefaßtseyn auf alle und Verschmähen von Allem: praktisch wird er zur kynischen Entsagung, die lieber, ein für alle Mal, alle Hülfsmittel und Erleichterungen von sich wirft: sie macht uns zu Hunden, wie den Diogenes in der Tonne. Die Wahrheit ist: wir sollen elend seyn, und sind's. Dabei ist die Hauptquelle der ernstlichsten Uebel, die den Menschen treffen, der Mensch selbst: *homo homini lupus.* Wer dies Letztere recht ins Auge faßt, erblickt die Welt als eine Hölle, welche die des Dante dadurch übertrifft, daß Einer der Teufel des Andern seyn muß; wozu denn freilich Einer vor dem Andern geeignet ist, vor Allen wohl ein Erzteufel, in Gestalt eines Eroberers auftretend, der einige Hundert Tausend Menschen einander gegenüberstellt und ihnen zuruft: »Leiden und Sterben ist euere Bestimmung: jetzt schießt mit Flinten und Kanonen auf einander los!« und sie thun es. – Ueberhaupt aber bezeichnen, in der Regel, Ungerechtigkeit, äußerste Unbilligkeit, Härte, ja Grausamkeit, die Handlungsweise der Menschen gegen einander: eine entgegengesetzte tritt nur ausnahmsweise ein. Hierauf beruht die Nothwendigkeit des Staates und der Gesetzgebung, und nicht auf euern Flausen. Aber in allen Fällen, die nicht im Bereich der Gesetze liegen, zeigt sich sogleich die dem Menschen eigene Rücksichtslosigkeit gegen seines Gleichen, welche aus seinem gränzenlosen Egoismus, mitunter auch aus Bosheit entspringt. Wie der Mensch mit dem Menschen verfährt, zeigt z. B. die Negersklaverei, deren Endzweck Zucker und Kaffee ist. Aber man braucht nicht so weit zu gehen: im Alter von fünf Jahren eintreten in die Garnspinnerei, oder sonstige Fabrik, und von Dem an erst 10, dann 12, endlich 14 Stunden täglich darin sitzen und die selbe mechanische Arbeit verrichten, heißt das Vergnügen, Athem zu holen, theuer erkaufen. Dies aber ist das Schicksal von Millionen, und viele andere Millionen haben ein analoges. (...)

Inzwischen heißt ein Optimist mich die Augen öffnen und hineinsehen in die Welt, wie sie so schön sei, im Sonnenschein, mit ihren Bergen, Thälern, Strömen, Pflanzen, Thieren u. s. f. – Aber ist denn die Welt ein Guckkasten? Zu sehen sind diese Dinge freilich schön; aber sie zu seyn ist ganz etwas Anderes. – Dann kommt ein Teleolog und preist mir die weise Einrichtung an, vermöge welcher dafür gesorgt sei, daß die Planeten nicht mit den Köpfen gegeneinander rennen, Land und Meer nicht zum Brei gemischt, sondern hübsch auseinandergehalten seien, auch nicht Alles in beständigem Froste starre, noch von Hitze geröstet werde, imgleichen, in Folge der Schiefe der Ekliptik, kein ewiger Frühling sei, als in welchem nichts zur Reife gelangen könnte, u. dgl. m. – Aber Dieses und alles Aehnliche sind ja bloße *conditiones sine quibus non.* Wenn es nämlich überhaupt eine Welt geben soll, wenn ihre Planeten wenigstens so lange, wie der Lichtstrahl eines entlegenen Fixsterns braucht, um zu ihnen zu gelangen, bestehen und nicht, wie Lessings Sohn, gleich nach der Geburt wieder abfahren sollen; – da durfte sie freilich nicht so ungeschickt gezimmert seyn, daß schon ihr Grundgerüst den Einsturz drohte. Aber wenn man zu den

Resultaten des gepriesenen Werkes fortschreitet, die Spieler betrachtet, die auf der so dauerhaft gezimmerten Bühne agiren, und nun sieht, wie mit der Sensibilität der Schmerz sich einfindet und in dem Maaße, wie jene sich zur Intelligenz entwikkelt, steigt, wie sodann, mit dieser gleichen Schritt haltend, Gier und Leiden immer stärker hervortreten und sich steigern, bis zuletzt das Menschenleben keinen andern Stoff darbietet, als den zu Tragödien und Komödien, – da wird, wer nicht heuchelt, schwerlich disponirt seyn, Hallelujahs anzustimmen. (...)

Sogar aber läßt sich den handgreiflich sophistischen Beweisen Leibnizens, daß diese Welt die beste unter den möglichen sei, ernstlich und ehrlich der Beweis entgegenstellen, daß sie die schlechteste unter den möglichen sei. Denn Möglich heißt nicht was Einer etwan sich vorphantasiren mag, sondern was wirklich existiren und bestehen kann. Nun ist diese Welt so eingerichtet, wie sie seyn mußte, um mit genauer Noth bestehen zu können: wäre sie aber noch ein wenig schlechter, so könnte sie schon nicht mehr bestehen. Folglich ist eine schlechtere, da sie nicht bestehen könnte, gar nicht möglich, sie selbst also unter den möglichen die schlechteste.

Babrios

Mensch und Hoffnung

Zeus schloß das Gute in ein Faß zusammen,
Legt einen Deckel drauf und stellte so
Es vor den Menschen hin. Der Mensch, gespornt
Von Neugier, wollte wissen, was im Fasse
Enthalten wäre, hob den Deckel auf

Und ließ das Gute rasch zur Burg der Götter
Empor sich schwingen und der Erd' entfliehn.
Die Hoffnung blieb allein. Denn diese hemmte
Der Deckel, welchen er zu allem Glücke
Der Öffnung wieder vorschob. Darum weilt sie
Noch jetzt beim Menschen und verheißt ihm jedes
Der Güter, die entflohn, zurückzubringen.

Friedrich Nietzsche

Der Schatten

Kaum aber war der freiwillige Bettler davongelaufen und Zarathustra wieder mit sich allein, da hörte er hinter sich eine neue Stimme, die rief: »Halt! Zarathustra! So warte doch! Ich bin's ja, oh Zarathustra, ich, dein Schatten!« Aber Zarathustra wartete nicht, denn ein plötzlicher Verdruss überkam ihn ob des vielen Zudrangs und Gedrängs in seinen Bergen. »Wo ist meine Einsamkeit hin?« sprach er.

»Es wird mir wahrlich zu viel; diess Gebirge wimmelt, mein Reich ist nicht mehr von dieser Welt, ich brauche neue Berge.

Mein Schatten ruft mich? Was liegt an meinem Schatten! Mag er mir nachlaufen! ich – laufe ihm davon.«

Also sprach Zarathustra zu seinem Herzen und lief davon. Aber Der, welcher hinter ihm war, folgte ihm nach: so dass alsbald drei Laufende hinter einander her waren, nämlich voran der freiwillige Bettler, dann Zarathustra und zudritt und -hinterst sein Schatten. Nicht lange liefen sie so, da kam Zarathustra zur Besinnung über seine Thorheit und schüttelte mit Einem Rucke allen Verdruss und Überdruss von sich.

»Wie!« sprach er, »geschahen nicht von je die lächerlichsten Dinge bei uns alten Einsiedlern und Heiligen?

Wahrlich, meine Thorheit wuchs hoch in den Bergen! Nun höre ich sechs alte Narren-Beine hinter einander her klappern!

Darf aber Zarathustra sich wohl vor einem Schatten fürchten? Auch dünkt mich zu guterletzt, dass er längere Beine hat als ich.«

Also sprach Zarathustra, lachend mit Augen und Eingeweiden, blieb stehen und drehte sich schnell herum – und siehe, fast warf er dabei seinen Nachfolger und Schatten zu Boden: so dicht schon folgte ihm derselbe auf den Fersen, und so schwach war er auch. Als er ihn nämlich mit Augen prüfte, erschrak er wie vor einem plötzlichen Gespenste: so dünn, schwärzlich, hohl und überlebt sah dieser Nachfolger aus.

»Wer bist du?« fragte Zarathustra heftig, »was treibst du hier? Und wesshalb heissest du dich meinen Schatten? Du gefällst mir nicht.«

»Vergieb mir«, antwortete der Schatten, »dass ich's bin; und wenn ich dir nicht gefalle, wohlan, oh Zarathustra! darin lobe ich dich und deinen guten Geschmack.

Ein Wanderer bin ich, der viel schon hinter deinen Fersen her gieng: immer unterwegs, aber ohne Ziel, auch ohne Heim: also dass mir wahrlich wenig zum ewigen Juden fehlt, es sei denn, dass ich nicht ewig, und auch nicht Jude bin.

Wie? Muss ich immerdar unterwegs sein? Von jedem Winde gewirbelt, unstät, fortgetrieben? Oh Erde, du wardst mir zu rund!

Auf jeder Oberfläche sass ich schon, gleich müdem Staube schlief ich ein auf Spiegeln und Fensterscheiben: Alles nimmt von mir, Nichts giebt, ich werde dünn, – fast gleiche ich einem Schatten.

Dir aber, oh Zarathustra, flog und zog ich am längsten nach, und, verbarg ich mich schon vor dir, so war ich doch dein bester Schatten: wo du nur gesessen hast, sass ich auch.

Mit dir bin ich in fernsten, kältesten Welten umgegangen,

einem Gespenste gleich, das freiwillig über Winterdächer und Schnee läuft.

Mit dir strebte ich in jedes Verbotene, Schlimmste, Fernste: und wenn irgend Etwas an mir Tugend ist, so ist es, dass ich vor keinem Verbote Furcht hatte.

Mit dir zerbrach ich, was je mein Herz verehrte, alle Grenzsteine und Bilder warf ich um, den gefährlichsten Wünschen lief ich nach, – wahrlich, über jedwedes Verbrechen lief ich einmal hinweg.

Mit dir verlernte ich den Glauben an Worte und Werthe und grosse Namen. Wenn der Teufel sich häutet, fällt da nicht auch sein Name ab? der ist nämlich auch Haut. Der Teufel selber ist vielleicht – Haut.

›Nichts ist wahr, Alles ist erlaubt‹: so sprach ich mir zu. In die kältesten Wasser stürzte ich mich, mit Kopf und Herzen. Ach, wie oft stand ich darob nackt als rother Krebs da!

Ach, wohin kam mir alles Gute und alle Scham und aller Glaube an die Guten! Ach, wohin ist jene verlogne Unschuld, die ich einst besass, die Unschuld der Guten und ihrer edlen Lügen!

Zu oft, wahrlich, folgte ich der Wahrheit dicht auf dem Fusse: da trat sie mir vor den Kopf. Manchmal meinte ich zu lügen, und siehe! da erst traf ich – die Wahrheit.

Zu Viel klärte sich mir auf: nun geht es mich Nichts mehr an. Nichts lebt mehr, das ich liebe, – wie sollte ich noch mich selber lieben?

›Leben, wie ich Lust habe, oder gar nicht leben‹: so will ich's, so will's auch der Heiligste. Aber, wehe! wie habe ich noch – Lust?

Habe ich – noch ein Ziel? Einen Hafen, nach dem mein Segel läuft?

Einen guten Wind? Ach, nur wer weiss, wohin er fährt, weiss auch, welcher Wind gut und sein Fahrwind ist.

Was blieb mir noch zurück? Ein Herz müde und frech; ein unstäter Wille; Flatter-Flügel; ein zerbrochnes Rückgrat.

Diess Suchen nach meinem Heim: oh Zarathustra, weißt du wohl, diess Suchen war meine Heimsuchung, es frisst mich auf.

›Wo ist – mein Heim?‹ Darnach frage und suche und suchte ich, das fand ich nicht. Oh ewiges Überall, oh ewiges Nirgendwo, oh ewiges – Umsonst!«

Also sprach der Schatten, und Zarathustra's Gesicht verlängerte sich bei seinen Worten. »Du bist mein Schatten!« sagte er endlich, mit Traurigkeit.

»Deine Gefahr ist keine kleine, du freier Geist und Wanderer! Du hast einen schlimmen Tag gehabt: sieh zu, dass dir nicht noch ein schlimmerer Abend kommt!

Solchen Unstäten, wie du, dünkt zuletzt auch ein Gefängniss selig. Sahst du je, wie eingefangne Verbrecher schlafen? Sie schlafen ruhig, sie geniessen ihre neue Sicherheit.

Hüte dich, dass dich nicht am Ende noch ein enger Glaube einfängt, ein harter, strenger Wahn! Dich nämlich verführt und versucht nunmehr Jegliches, das eng und fest ist.

Du hast das Ziel verloren: wehe, wie wirst du diesen Verlust verscherzen und verschmerzen? Damit – hast du auch den Weg verloren!

Du armer Schweifender, Schwärmender, du müder Schmetterling! Willst du diesen Abend eine Rast und Heimstätte haben? So gehe hinauf zu meiner Höhle!

Dorthin führt der Weg zu meiner Höhle. Und jetzo will ich schnell wieder von dir davonlaufen. Schon liegt es wie ein Schatten auf mir.

Ich will allein laufen, dass es wieder hell um mich werde. Dazu muss ich noch lange lustig auf den Beinen sein. Des Abends aber wird bei mir – getanzt!« – –

Also sprach Zarathustra.

Michel de Montaigne

Über die Mäßigung

Es ist, als wenn alles, was Menschen berühren, infiziert würde: Dinge, die an sich gut und schön sind, verderben, wenn sie in die Hände von uns Menschen geraten. Sogar die Tugend kann zum Laster werden, wenn wir zu gierig und heftig nach ihr greifen. Wenn man sagt, Tugend könne niemals übertrieben werden, weil eine überspannte Tugend keine Tugend mehr ist, so spielt man mit Worten. Das ist eine philosophische Haarspalterei. Man kann sehr wohl eine Tugend übertreiben, wie man bei einer an sich richtigen Handlungsweise das Maß überschreiten kann. Zu dieser Auffassung paßt das Bibelwort: »Seid nicht zu klug, sondern seid mit Maßen klug.« (Paulus, Brief an die Römer, 12. 3)

Der Schütze verfehlt ebenso sein Ziel, wenn er zu weit schießt, wie wenn er zu kurz schießt; die Augen verlieren die Sehkraft, wenn ich plötzlich in grelles Licht blicke, genauso, wie wenn ich ganz ins Finstere schaue. In Platons ›Gorgias‹ stellt Kalikles die These auf, Philosophie im Übermaß sei schädlich; er rät, nicht über die Grenzen des tatsächlich Verwendbaren hinaus sich in sie zu versenken; wenn man sich ihr mit Maßen widme, sei sie erfreuend und brauchbar; aber sich selbst überlassen, mache sie den Menschen schließlich wild und böse, verleite ihn zur Verachtung von Religion und Gesetz, mache ihn ungeeignet zu einem rücksichtsvollen Gedankenaustausch und zum Feind menschlicher Freuden, lasse ihn unfähig werden zu jeder Tätigkeit für die Allgemeinheit, unfähig, anderen zu nützen und sich selbst zu helfen; bringe ihn so weit, daß man ihn ungestraft ohrfeigen darf. Die These ist richtig. Denn in seiner Ungehemmtheit versklavt das philosophische Denken unsere naturgegebene Freiheit; es zieht uns, durch geschickte Kniffe, deren wir uns nicht erwehren können, von dem schönen, ebenen Weg ab, den die Natur uns weist ... Die Ehe ist eine fromme Bindung, die auf Ehrerbietung beruht; die Freuden, die sie gewähren kann, sollten deshalb einen Schleier von Zartheit, Zurückhaltung und Ernst bewahren; der Geschlechtsgenuß sollte etwas von der Verantwortung gedämpft bleiben. Ist doch das Hauptziel der Ehe die Fortpflanzung; deshalb gibt es eine Theorie, bei der bezweifelt wird, ob die eheliche Umarmung zulässig sei, wenn keine Nachkommenschaft erhofft werden kann, wie wenn die Frau zu alt oder schwanger ist: nach Platos Auffassung ist das ein Mord ...

Die Perserkönige ließen ihre Frauen an den festlichen Gelagen teilnehmen; aber wenn der Wein die Männer ordentlich erhitzt hatte und sie ihre Sinnlichkeit nicht mehr bändigen konnten, schickten sie die Frauen in ihre Gemächer zurück, damit diese nicht Zeugen ihrer maßlosen Geschlechtslust würden; statt ihrer ließen sie sich Weiber kommen, denen gegenüber sie sich nicht zu solchem Respekt verpflichtet fühlten ...

Der Kaiser Aelius Verus antwortete seiner Frau, als sie ihm Vorwürfe machte, weil er Liebesverhältnisse zu anderen Frauen unterhielte, er täte das aus Gewissenhaftigkeit; bezeichne doch das Wort Ehe etwas Ehrenvolles und Würdiges; es sei kein Ausdruck für das Spiel geiler Gier. Und die Kirchengeschichte erzählt mit Hochachtung von jener Frau, die sich von ihrem Mann trennte, weil sie seine allzu sinnlichen und stürmischen Berührungen nicht dulden und ihnen jedenfalls nicht Vorschub leisten wollte. Im ganzen kann man sagen: bei keinem Genuß, und wenn er an sich noch so berechtigt ist, bleiben wir makellos, wenn wir uns ihm im Übermaß und hemmungslos hingeben.

Ist der Mensch, wenn man es sich genau überlegt, nicht ein bedauernswertes Tier?

Khalil Gibran

Von Gut und Böse

Und einer der Stadtältesten sagte: Sprich zu uns von Gut und Böse.

Und er antwortete:

Vom Guten in euch kann ich sprechen, nicht aber vom Bösen. Denn was ist das Böse denn anderes als das Gute, das von seinem eigenen Hunger und Durst gequält wird?

Wahrlich, wenn das Gute hungert, sucht es sogar in finsteren Höhlen nach Nahrung, und wenn es durstig ist, trinkt es selbst fauliges Wasser.

Ihr seid gut, wenn ihr eins mit euch seid.

Doch seid ihr nicht eins mit euch selbst, seid ihr deshalb nicht böse.

Denn ein entzweites Haus ist keine Räuberhöhle; es ist nur ein entzweites Haus.

Und ein Schiff ohne Ruder kann ziellos zwischen gefährlichen Klippen treiben ohne unterzugehen.

Ihr seid gut, wenn ihr danach strebt, etwas von euch zu geben.

Dennoch seid ihr nicht böse, wenn ihr euren eigenen Vorteil erstrebt.

Denn sucht ihr euren Vorteil, seid ihr nur eine Wurzel, die sich an die Erde klammert und an deren Brust saugt.

Die Frucht kann schließlich nicht zur Wurzel sagen: »Sei wie ich, reif und voll und immer bereit, vom eigenen Überfluß zu geben!«

Der Frucht ist Geben ein Bedürfnis, so wie der Wurzel Empfangen ein Bedürfnis ist.

Ihr seid gut, wenn ihr in eurem Reden vollkommen wach seid.

Dennoch seid ihr nicht böse, wenn ihr schlaft, während eure Zunge absichtslos stammelt.

Und selbst stockende Rede kann eine schwache Zunge kräftigen.

Ihr seid gut, wenn ihr entschlossen und festen Schritts auf euer Ziel zuwandert.

Dennoch seid ihr nicht böse, wenn ihr es hinkend anstrebt.

Selbst der Hinkende schreitet nicht zurück.

Aber ihr, die ihr kräftig und schnell seid, hütet euch, aus vermeintlicher Freundlichkeit vor dem Lahmen zu hinken.

Auf zahllose Weisen seid ihr gut, und seid ihr nicht gut, seid ihr deswegen nicht böse,

Sondern nur träge und unentschlossen.

Wie schade, daß der Hirsch die Schildkröte nicht laufen lehren kann!

In eurer Sehnsucht nach eurem übermenschlichen Selbst liegt euer Gutsein – und diese Sehnsucht lebt in jedem von euch.

Aber in manchen von euch ist diese Sehnsucht ein Wildwasser, das mit Ungestüm auf den Ozean zueilt und die Geheimnisse der Berghänge und die Lieder des Waldes mit sich führt.

Und in anderen ist sie ein seichter Bach, der sich in Schleifen und Windungen verliert und immer wieder innehält, ehe er die Küste erreicht.

Aber wessen Sehnsucht stark ist, der sage nicht zu dem, dessen Sehnsucht schwach ist: »Was gehst du so langsam und zögernd?«

Denn der wahrhaft Gute fragt nicht den Nackten: »Wo ist dein Mantel?« noch den Obdachlosen: »Was ist mit deinem Haus geschehen?«

Erich Fromm

Der neue Mensch

Wenn die Voraussetzung richtig ist, daß uns nur ein fundamentaler Wandel der menschlichen Charakterstruktur, ein Zurückdrängen der Orientierung am Haben zugunsten der am Sein, vor einer psychischen und ökonomischen Katastrophe retten kann, so stellt sich die Frage: Sind tiefgreifende charakterologische Veränderungen möglich, und wie kann man sie herbeiführen?

Ich bin überzeugt, daß sich der menschliche Charakter in der Tat ändern *kann,* wenn die folgenden Voraussetzungen gegeben sind:

- Wir leiden und sind uns dessen bewußt.
- Wir haben die Ursache unseres Leidens *(ill-being)* erkannt.
- Wir sehen eine Möglichkeit, unser Leiden zu überwinden.
- Wir sehen ein, daß wir uns bestimmte Verhaltensnormen zu eigen machen und unsere gegenwärtige Lebenspraxis ändern müssen, um unser Leiden zu überwinden.

Diese vier Punkte entsprechen den Vier Edlen Wahrheiten, die den Kern der Lehre Buddhas über die allgemeinen menschlichen Existenzbedingungen bilden.

Das gleiche Prinzip der Wandlung, das die Lehre Buddhas kennzeichnet, liegt auch dem Marxschen Erlösungsbegriff zugrunde. Um das zu verstehen, muß man sich bewußtmachen, daß der Kommunismus für Marx, wie er selbst sagte, kein Endziel, sondern eine Stufe in der menschlichen Entwicklung darstellte, durch die der Mensch von jenen sozio-ökonomischen und politischen Bedingungen befreit werden sollte, die ihn unmenschlich machen: zu einem Gefangenen der Dinge, der Maschinen und seiner eigenen Gier.

Marx' erster Schritt war, der Arbeiterklasse seiner Zeit, der, wie er glaubte, am meisten entfremdeten und elenden Klasse, bewußtzumachen, *daß* sie litt. Er versuchte, die Illusionen zu zerstören, die den Arbeitern das Elend ihrer eigenen Lage verschleierten. Sein zweiter Schritt war, ihnen die *Ursachen* ihres Leidens klarzumachen, die seiner Ansicht nach im Wesen des Kapitalismus und in der von ihm hervorgebrachten Charakterstruktur von Habgier, Geiz und Abhängigkeit begründet lagen. Diese Analyse der Ursachen des Leidens der Arbeiter (aber nicht allein *ihres* Leidens) war ein Teil dessen, was Marx als seine Hauptaufgabe ansah: die Analyse der kapitalistischen Wirtschaft.

Sein dritter Schritt bestand darin, den Menschen zu zeigen, daß man dem Leiden ein Ende bereiten könnte, indem man seine Ursachen beseitigte. Im vierten Schritt stellte er die Prinzipien der neuen Lebenspraxis dar, die die Menschen von dem Elend befreien sollte, welches die alte Gesellschaft zwangsläufig hervorbrachte.

Freuds Heilmethode war im Grunde ähnlich. Die Patienten konsultierten ihn, weil sie litten und sich dessen *bewußt* waren. Aber sie wußten gewöhnlich nicht, *weshalb* sie litten. Die erste Aufgabe des Psychoanalytikers besteht meist darin, den Patienten zu helfen, ihre Illusionen in bezug auf ihr Leiden aufzugeben und zu erkennen, woraus ihr Leiden in Wahrheit resultiert. Die Diagnose persönlicher oder gesellschaftlicher Leiden ist gewöhnlich eine Frage der Interpretation, und verschiedene Deuter können zu verschiedenen Schlüssen gelangen. Das Bild, das sich der Patient von seinem eigenen Leiden macht, ist meist die unverläßlichste Basis für eine Diagnose. Das Wesentliche des psychoanalytischen Prozesses besteht darin, dem Patienten die *Ursachen* seines Leidens bewußtzumachen.

Aufgrund dieser Erkenntnis kann der Analysand den nächsten Schritt machen: Er kommt zu der Einsicht, daß sein Leiden heilbar ist, vorausgesetzt, daß dessen Ursachen beseitigt werden. Nach Freuds Auffassung bedeutet das, die Verdrängung bestimmter Kindheitsereignisse aufzuheben. Die traditionelle Psychoanalyse scheint jedoch oft die Notwendigkeit des vierten Punktes zu unterschätzen. Viele Psychoanalytiker sind der Meinung, die Bewußtmachung des Verdrängten habe als solche schon heilende Wirkung. Dies ist tatsächlich oft der Fall, speziell wenn der Patient an scharf umgrenzten Symptomen etwa hysterischer oder zwanghafter Art leidet. Aber ich glaube nicht, daß bei Personen, die unter einem diffusen Unbehagen leiden und deren Charakter verändert werden soll, eine dauerhafte Besserung erzielt werden kann, *falls die angestrebte Charakteränderung nicht von einer entsprechenden Änderung ihrer Lebenspraxis begleitet wird.* Beispielsweise kann man die Abhängigkeit eines Menschen bis zum Jüngsten Tag analysieren – die ganze Einsicht wird ihm nichts nützen, solange sich an den Lebensumständen nichts ändert, unter denen er lebte, bevor er seine Einsichten gewann. Ein einfaches Beispiel: Eine Frau, deren Leiden auf ihre Abhängigkeit von ihrem Vater zurückzuführen ist, wird sich trotz aller Einsicht in die tieferen Zusammenhänge nicht ändern können, solange sie an ihrer Lebensweise festhält, das heißt solange sie sich nicht von ihm trennt, seine Gunst weiterhin akzeptiert und die Risiken und Schmerzen scheut, die mit solchen konkreten Schritten zur Unabhängigkeit verbunden sind. *Von der Praxis losgelöste Einsicht ist wirkungslos.*

Die Funktion der neuen Gesellschaft ist es, die Entstehung eines neuen Menschen zu fördern, dessen Charakterstruktur folgende Züge aufweist:

- die Bereitschaft, alle Formen des Habens aufzugeben, um ganz zu *sein*
- Sicherheit, Identitätserleben und Selbstvertrauen, basierend auf dem Glauben an das, was man *ist,* und auf dem Bedürfnis nach Bezogenheit, auf Interesse, Liebe und Solidarität mit

der Umwelt, statt des Verlangens, zu *haben*, zu besitzen und die Welt zu beherrschen und so zum Sklaven des eigenen Besitzes zu werden

- Annahme der Tatsache, daß niemand und nichts außer uns selbst dem Leben Sinn gibt, wobei diese radikale Unabhängigkeit und Nichtheit *(no-thingness)* die Voraussetzung für ein volles Engagiertsein sein kann, das dem Geben und Teilen gewidmet ist
- die Fähigkeit, wo immer man ist, ganz gegenwärtig zu sein
- Freude aus dem Geben und Teilen, nicht aus dem Horten und der Ausbeutung anderer zu schöpfen
- Liebe und Ehrfurcht vor dem Leben in allen seinen Manifestationen zu empfinden und sich bewußt zu sein, daß weder Dinge noch Macht, noch alles Tote heilig sind, sondern das Leben und alles, was dessen Wachstum fördert
- bestrebt zu sein, Gier, Haß und Illusionen, so weit wie es einem möglich ist, zu reduzieren
- imstande zu sein, ein Leben ohne Verehrung von Idolen und ohne Illusionen zu führen, weil eine Entwicklungsstufe erreicht ist, auf der der Mensch keiner Illusionen mehr bedarf
- bestrebt zu sein, die eigene Liebesfähigkeit sowie die Fähigkeit zu kritischem und unsentimentalem Denken zu entwickeln
- imstande zu sein, den eigenen Narzißmus zu überwinden und die tragische Begrenztheit der menschlichen Existenz zu akzeptieren
- sich bewußt zu sein, daß die volle Entfaltung der eigenen Persönlichkeit und der des Mitmenschen das höchste Ziel des menschlichen Lebens ist
- Wissen, daß zur Erreichung dieses Zieles Disziplin und Anerkennung der Realität nötig sind
- Wissen, daß Wachstum nur dann gesund ist, wenn es sich innerhalb einer Struktur vollzieht, und den Unterschied zwi-

schen »Struktur« als Attribut des Lebens und »Ordnung« als Attribut der Leblosigkeit, des Toten, zu kennen

- Entwicklung des eigenen Vorstellungsvermögens, nicht nur zur Flucht aus unerträglichen Bedingungen, sondern als Vorwegnahme realer Möglichkeiten
- andere nicht zu täuschen, sich aber auch von anderen nicht täuschen zu lassen; man kann unschuldig, aber man soll nicht naiv sein
- sich selbst zu kennen, nicht nur sein bewußtes, sondern auch sein unbewußtes Selbst – von dem jeder Mensch ein schlummerndes Wissen in sich trägt
- sich eins zu fühlen mit allem Lebendigen und daher das Ziel aufzugeben, die Natur zu erobern, zu unterwerfen, sie auszubeuten, zu vergewaltigen und zu zerstören, und statt dessen zu versuchen, sie zu verstehen und mit ihr zu kooperieren
- unter Freiheit nicht Willkür zu verstehen, sondern die Chance, man selbst zu sein – nicht als ein Bündel zügelloser Begierden, sondern als fein ausbalancierte Struktur, die in jedem Augenblick mit der Alternative Wachstum oder Verfall, Leben oder Tod konfrontiert ist
- Wissen, daß das Böse und die Destruktivität notwendige Folgen verhinderten Wachstums sind
- Wissen, daß nur wenige Menschen Vollkommenheit in allen diesen Eigenschaften erreicht haben, aber nicht den Ehrgeiz zu haben, »das Ziel zu erreichen«, eingedenk, daß ein solcher Ehrgeiz nur eine andere Form von Gier und Haben ist
- was auch immer der entfernteste Punkt sein mag, den uns das Schicksal zu erreichen gestattet – glücklich zu sein in diesem Prozeß stetig wachsender Lebendigkeit, denn so bewußt und intensiv zu leben, wie man kann, ist so befriedigend, daß die Sorge darüber, was man erreichen oder nicht erreichen könnte, gar nicht erst aufkommt.

Günther Anders

Animal habens

Die breiteste Bestimmung des Menschen, diejenige, die die größte Zahl disparatester Züge unter einem einzigen Dachbegriff zusammenfaßt, lautet: Er ist das Wesen, das *hat.* Diese Definition ›*animal habens*‹ ist ungleich umfassender als das ›animal rationale‹, und deckt Wissen und Erinnerung nicht weniger als Eigentum.

Für diejenigen Kreaturen, die nichts haben außer vielleicht sich selbst und ihr ›habitat‹ – für Tiere oder Pflanzen – ist es nicht nur nicht schwer, das zu sein, was sie sind, sondern unmöglich, es nicht zu sein. Schwer ist es dagegen, das zu sein, was man ›habend‹ ist, also das, was man hat, seinem Sein einzubilden; und um so schwerer, je mehr man hat. In dieser ›Einbildungs-Leistung‹ besteht die jeweilige Bildungsaufgabe. Und heute, da wir in Gehabtem ertrinken, ist diese Aufgabe schwerer denn je. Zu behaupten, daß es uns gelungen sei, uns die technische Welt, die wir heute haben, wirklich ›einzubilden‹, das wäre lächerlich. Nicht: »Werde, der du bist« sollte unsere Maxime heute lauten – wer ›ist‹ man schon? – sondern: »Werde, was du hast«. Beziehungsweise, in Umkehrung: »Was du nicht werden kannst, das habe auch nicht.«

Andererseits ist zu ›haben‹ uns heute so natürlich geworden, daß wir nun von jedem wohlanständigen Seienden erwarten, daß es ein ›gehabtes‹ sei, also irgendjemandem gehöre, und heimlich erwarten wir das auch vom Seienden als ganzem. Der Gedanke an ›Ungehabtes‹ verwirrt uns, niemandem Gehörendes scheint uns geradezu ›ungehörig‹. Vielleicht ist sogar der Begriff der ›Naturschönheit‹ ein Versuch, uns das herrenlose Gut von Berg, Meer und gestirntem Himmel über uns erträglicher zu machen oder es zu rechtfertigen. Vor zwanzig Jahren kannte ich in Los Angeles einen Grundstücksmakler, den der Gedanke an ›Nichtgehabtes‹ so völlig aus der Fassung brachte, daß kein anderes Wort als *›Natur-Allergie‹* ausreicht, um seine malaise zu bezeichnen. Warf dieser Mann versehentlich einen Blick auf die Milchstraße, dann wurde er unausstehlich, »total vergeudet« nannte er sie, und alle seine Freunde wußten, daß sie sich, wenn sie ihn nicht reizen wollten, davor zu hüten hatten, in seiner Gegenwart Urwälder oder Ozeane zu erwähnen. Aber pathologisch kann ich seinen Fall doch nicht finden. Überraschend war der Mann höchstens deshalb, weil er die Normalität von heute oder morgen damals schon vorwegnahm. Jedenfalls war er nicht abnormer als es die ›Fortgeschrittensten‹ unserer Zeitgenossen, z. B. die Raketenbauer, sind: denn deren Gier zielt ja gleichfalls darauf ab, alles Seiende in Erreichbares und Gehabtes zu verwandeln, also ›Sein‹ und ›Gehabtsein‹ in Deckung zu bringen. In gewissem Sinne dürfte man diese Männer sogar, da ihnen der Gedanke eines ›An sich‹, einer Welt, die nicht die ihre ist, irreal, bzw. unreell, scheint, sogar die ›Idealisten‹ von heute nennen. Freilich muß das Wort dann in einem viel breiteren Sinne verstanden werden als gewöhnlich. Denn an die Stelle der klassischen idealistischen Gleichung *›esse = percipi‹* haben sie ja die Gleichung *›esse = haberi‹* gesetzt – das heißt: als seiend gilt für sie Seiendes ja nicht, sofern es wahrgenommen, sondern sofern es genommen wird. »Nur Genommenes *ist.*«

Verlockend, meinen Mann aus L. A. als den lächerlichen Helden einer Tragikomödie zu verwenden, als einen ›Avare‹, den der Gedanke, daß das meiste Seiende als herrenloses Gut herumexistiert und niemals wird gehabt werden können, närrisch gemacht hat. Diese Figur könnte man zugleich als die eines Philosophen anlegen: denn in gewissem Sinne sind ja jene Systematiker, die darunter leiden, daß es tausenderlei gibt, was sie nicht zu Stücken ihres spekulativen Gebäudes machen und dadurch ›haben‹ können, die Vorgänger jener Männer, die bereits versuchen, Mondgrundstücke zu vermitteln.

Zu überlegen, ob nicht vielleicht die Voraussetzung, daß Seiendes eigentlich Gehabt-Seiendes sein müßte, in engster Beziehung zu der heute, z. B. in den Vereinigten Staaten, so beliebten Verbrämung des Todes steht. Der Gedanke, daß man sterben könne, muß ja in den Augen von Männern wie meinem Makler deshalb unerträglich sein, weil Sterben bedeutet, daß etwas, das einmal ›gehabt‹ gewesen war: nämlich unser Eigentum, nun zu etwas Ungehabtem wird, also zu Natur degeneriert. Der amerikanische Filmtitel ›You can't take it with you‹ wäre beim Publikum gewiß nicht so gut angekommen, wenn dieses nicht die geheime Hoffnung hegen würde, daß, was einmal gehabt war, ewig gehabt bleiben werde.

Thomas Nagel

Die Bedeutung von Wörtern

Wie kann ein Wort – ein Laut oder eine Reihe von Kringeln auf dem Papier – etwas *bedeuten?* Es gibt einige Wörter, die wie »peng« oder »zischen« ein wenig wie das klingen, worauf sie sich beziehen, normalerweise besteht jedoch etwa zwischen einem Namen und dem Gegenstand, dessen Name er ist, keinerlei Ähnlichkeit. Die fragliche Relation muß grundsätzlich von ganz anderer Art sein.

Es gibt viele Wortarten: einige davon benennen Personen und Dinge, andere bezeichnen Qualitäten oder Tätigkeiten, wieder andere bezeichnen Relationen zwischen Dingen oder Ereignissen, einige benennen Zahlen, Örter oder Zeitpunkte, und einige, wie »und« und »von«, verdanken ihre Bedeutung einzig ihrem Beitrag zur Bedeutung größerer Aussagen oder Fragen, in denen sie vorkommen. In Wirklichkeit arbeiten eigentlich alle Wörter so: ihre Bedeutung ist im Grunde etwas, das sie zur Bedeutung von Sätzen oder Aussagen beitragen. Wörter werden zumeist beim Sprechen und Schreiben verwendet und nicht einfach bloß als Namensschilder.

Indem wir dies stillschweigend voraussetzen, wollen wir doch fragen, wie ein Wort eine Bedeutung haben kann. Einige Wörter lassen sich durch andere Wörter definieren: »Quadrat« bedeutet beispielsweise »gleichseitiges gleichwinkliges ebenes Gebilde mit vier Seiten«. Und die meisten Ausdrücke in dieser Definition lassen sich ihrerseits definieren. Definitionen können jedoch nicht das Fundament der Bedeutung aller Wörter sein, sonst würden wir uns ständig im Kreis bewegen. Irgendwo müssen wir an Wörter gelangen, die auf direkte Weise Bedeutung haben.

Sehen wir uns das Wort »Tabak« an, das ein einfaches Beispiel zu sein scheint. Es bezeichnet eine Pflanzenart, deren lateinischer Name den wenigsten von uns bekannt ist, und deren Blätter zur Herstellung von Zigarren und Zigaretten verwendet werden. Jeder von uns hat Tabak gesehen und gerochen, doch so, wie wir das Wort gebrauchen, bezeichnet es nicht bloß die Proben des Stoffes, die wir gesehen haben oder die es zum Zeitpunkt unserer Verwendung des Wortes gibt, sondern jegliche Vorkommnisse davon, ob wir von ihrer Existenz wissen oder nicht. Wir mögen das Wort zwar gelernt haben, indem wir einige Proben gezeigt bekamen, aber wir verstehen das Wort falsch, wenn wir es lediglich für die Bezeichnung dieser Proben halten.

Wenn Sie etwa sagen: »Ich frage mich, ob im vergangenen Jahr in China mehr Tabak geraucht wurde als in der gesamten westlichen Welt«, so haben Sie eine sinnvolle Frage gestellt, die auch dann eine Antwort hat, wenn Sie sie nicht herausfinden können. Doch der Sinn der Frage und ihrer Antwort hängt von dem Umstand ab, daß sich das Wort »Tabak«, wenn Sie es verwenden, auf jedes Vorkommnis des Stoffes auf der Welt bezieht – durch die gesamte vergangene und zukünftige Geschichte hindurch –, auf jede Zigarette, die letztes Jahr in China geraucht wurde, auf jede Zigarre, die letztes Jahr auf Kuba geraucht wurde, und so fort. Die anderen in diesem Satz vorkommenden Wörter schränken den Bezug des Wortes »Tabak« auf bestimmte Örter und Zeiträume ein, doch man kann eine solche Frage mit diesem Wort nur stellen, weil es über diesen enormen, aber speziellen Zugriff über unsere gesamte Erfahrung hinaus auf jedes einzelne Vorkommnis eines bestimmten Stoffes verfügt.

Wie leistet das Wort dies? Wie kann ein bloßer Laut oder ein bloßes Gekritzel eine solche Reichweite haben? Offensichtlich nicht aufgrund seines Klanges oder Aussehens. Und gleichfalls nicht aufgrund der relativ geringen Menge von Proben von Tabak, auf die Sie gestoßen sind, oder die sich im gleichen Zimmer befanden, als Sie das Wort geäußert oder gehört oder gelesen haben. Es geht etwas ganz anderes vor, etwas Allgemeines, etwas, das jedermanns Gebrauch des Wortes betrifft. Sie und ich, die sich nie getroffen haben und die es mit verschiedenen Vorkommnissen von Tabak zu tun hatten, verwenden dieses Wort mit der gleichen Bedeutung. Wenn wir beide mittels dieses Wortes unsere Frage über China und die westliche Welt stellen, so handelt es sich um die gleiche Frage und die gleiche Antwort. Darüber hinaus kann ein Chinese dieselbe Frage stellen, indem er einen chinesischen Ausdruck mit der gleichen Bedeutung verwendet. Welche Beziehung das Wort »Tabak« zu dem Stoff selbst auch immer hat, andere Wörter können sie gleichfalls haben.

Dieser Umstand macht es auf ganz instinktive Weise naheliegend, daß es sich bei der Beziehung des Wortes »Tabak« auf all diese Pflanzen, Zigaretten und Zigarren in Vergangenheit, Gegenwart und Zukunft um eine indirekte Beziehung handelt. Hinter unserer Verwendung des Wortes steht irgend etwas anderes – ein *Begriff* oder eine *Idee* oder ein *Gedanke* – etwas, das für seinen Zugriff auf den gesamten Tabak im Universum verantwortlich ist.

Fragen wir also zunächst, von welcher Art dieser Mittelsmann ist. Befindet er sich in unserem Geist oder handelt es sich um etwas außerhalb unseres Geistes, mit dem wir auf irgendeine Weise in Kontakt treten? Das Verbindungsglied müßte so beschaffen sein, daß es von Ihnen, von mir und von einem Sprecher des Chinesischen gleichermaßen kontaktiert werden kann, um unsere Wörter für Tabak dasselbe bedeuten zu lassen. Wie erreichen wir dies jedoch, angesichts unserer ganz unterschiedlichen Erfahrungen mit dem Wort und der Pflanze? Ist dies nicht ebenso schwer erklärbar wie der Umstand, daß wir alle in der Lage sind, uns in unseren verschiedenartigen Wortgebräuchen auf den gleichen unermeßlichen und weitverbreiteten *Stoff* zu beziehen? Tritt nicht ein ebenso schwieriges Problem auf in bezug auf die Weise, wie das Wort die Idee oder den Begriff (was auch immer es sei) bedeutet, wie das ursprüngliche Problem in bezug darauf, wie das Wort die Pflanze oder die Substanz bedeutet?

Nicht nur das, es ist darüber hinaus problematisch, in welcher Beziehung diese Idee oder dieser Begriff zu all den Vorkommnissen tatsächlich existierenden Tabaks steht. Von welcher Art ist dieses Etwas, das eine so ausschließliche Verbindung mit Tabak und nichts anderem eingehen kann? Es sieht so aus, als haben wir das Problem lediglich verschärft. Wenn wir die Beziehung zwischen dem Wort »Tabak« und Tabak dadurch zu erklären versuchen, daß wir als Zwischenglied die *Idee* oder den *Begriff* von Tabak einschieben, so erzeugen wir bloß das zusätzliche Bedürfnis, die Beziehungen zwischen dem Wort und der Idee und zwischen der Idee und dem Stoff zu erklären.

Mit oder ohne Begriff oder Idee scheint das Problem darin zu bestehen, daß ganz *besondere* Laute, Zeichen oder Beispiele beim Wortgebrauch jeder Person beteiligt sind, das Wort jedoch auf etwas Allgemeines zutrifft, das auch andere Sprecher mit ihm oder, mit anderen Wörtern in anderen Sprachen meinen können. Wie kann etwas so Besonderes wie die Laute, die ich von mir gebe, wenn ich »Tabak« sage, etwas so Allgemeines bedeuten, daß ich mit ihm sagen kann: »Ich wette, daß man in 200 Jahren auch auf dem Mars Tabak rauchen wird«?

Man könnte annehmen, daß die *allgemeine* Komponente von etwas herstammt, das wir alle beim Gebrauch des Wortes in unserem Geist haben. Aber was haben wir denn alle in unserem Geist? Bewußt zumindest brauche ich nicht mehr als das Wort selbst in meinem Geist zu haben, um ›Tabak wird mit jedem Jahr teurer‹ zu denken. Dennoch mag ich sicherlich eine Vorstellung in meinem Bewußtsein haben, wenn ich das Wort verwende: vielleicht von einer Pflanze, von einigen vertrockneten Blättern oder vom Innern einer Zigarette. Sie trägt jedoch nichts zur Erklärung der Allgemeinheit der Bedeutung des Wortes bei, denn jedes solche Vorstellungsbild wird ein *besonderes* Vorstellungsbild sein. Es wird sich um eine Vorstellung vom Aussehen oder vom Geruch einer besonderen Probe von Tabak handeln; und inwiefern soll *das* alle seine wirklichen und möglichen Vorkommnisse mitumfassen? Und selbst wenn Sie in Ihrem Geist ein bestimmtes Bild vor sich haben, wenn Sie das Wort »Tabak« hören oder gebrauchen, jeder andere wird sich wahrscheinlich ein anderes Bild vorstellen; doch dies hindert uns nicht daran, alle das Wort mit der gleichen Bedeutung zu verwenden.

Das Geheimnisvolle an der Bedeutung ist, daß sie nirgendwo lokalisiert zu sein scheint – weder in der Welt noch im Bewußtsein, noch in einem losgelösten Begriff oder einer Idee, die zwischen der Welt, dem Bewußtsein und den Gegenständen schwebt, über die wir sprechen. Und doch gebrauchen wir die Sprache die ganze Zeit und sind durch sie in der Lage, komplizierte Gedanken zu denken, die sich über große zeitliche und räumliche Entfernungen erstrecken. Wir können darüber sprechen, wie viele Leute auf der Insel Sri Lanka größer als 1,80 m sind oder ob es in anderen Galaxien Leben gibt, und die paar Laute, die wir von uns geben, werden Sätze sein, die aufgrund komplizierter Tatsachen über Dinge wahr oder falsch sind, die weit von uns entfernt sind, und denen wir vermutlich niemals direkt begegnen werden.

Sie werden vielleicht meinen, daß ich zu viel Wind um die universelle Reichweite der Sprache gemacht habe. Im Alltagsleben ist der größte Teil der Aussagen und Gedanken, für die wir von der Sprache Gebrauch machen, weitaus eingeschränkter. Wenn ich sage: »Reiche mir das Salz herüber«, und Sie reichen mir das Salz, so braucht hier keine universelle Bedeutung des Wortes »Salz« im Spiel zu sein, wie dagegen wenn ich frage: »Wann hat sich in der Geschichte unserer Galaxie zum ersten Mal aus Natrium und Chlor Salz gebildet?« In den Beziehungen zwischen den Menschen werden Wörter oft schlicht als Werkzeuge verwendet. Man sieht im Bahnhof auf einem Schild die kleine Gestalt mit dem Rock und weiß, daß sich dort die Damentoilette befindet. Ist nicht der größte Teil der Sprache einfach ein solches System von Signalen und Reaktionen?

Nun, vielleicht trifft das auf einen Teil von ihr zu, und vielleicht lernen wir am Anfang auf diese Weise den Gebrauch von Wörtern: »Papa!«, »Mama!«, »Nein!«, »Alles leer!«. Aber wir bleiben hier nicht stehen, und es ist nicht klar, inwiefern uns die simplen Vorgänge, die wir mit nur ein, zwei Wörtern erledigen können, ein Verständnis jener Verwendung der Sprache ermöglichen können, in der wir eine über unsere unmittelbare Umgebung weit hinausgehende Welt zutreffend oder unzutreffend beschreiben. Es scheint vielmehr eher wahrscheinlich, daß der Gebrauch der Sprache für solche viel bedeutenderen Zwecke uns etwas darüber zeigen wird, was sich abspielt, wenn wir sie auf einem niedrigeren Niveau verwenden.

Eine Aussage wie »Das Salz steht auf dem Tisch« bedeutet immer dasselbe, ganz gleich, ob sie aus praktischen Gründen während des Mittagessens geäußert wird, ob sie als Teil der Beschreibung einer raumzeitlich weit entfernten Situation fungiert oder ob sie bloß zur hypothetischen Beschreibung einer imaginären Möglichkeit verwendet wird. Sie bedeutet dasselbe, ganz gleich, ob sie wahr ist oder falsch, und ob der Sprecher (oder der Hörer) weiß, daß sie wahr oder falsch ist – oder ob er es nicht weiß. Was sich auch immer im normalen praktischen Gebrauch abspielt, es muß allgemein genug sein, um gleichfalls diese anderen, grundverschiedenen Fälle zu erklären, in denen die Aussage die gleiche Bedeutung hat.

Es ist natürlich wichtig, daß es sich bei der Sprache um ein gesellschaftliches Phänomen handelt. Man erschafft sie sich nicht selbst für seine eigenen Zwecke. Wenn wir als Kind eine Sprache erlernen, so werden wir an ein bereits bestehendes System angeschlossen, innerhalb dessen Millionen von Menschen schon seit Jahrhunderten die gleichen Wörter verwandten, um sich miteinander zu verständigen. Mein Gebrauch des Wortes »Tabak« hat seine Bedeutung nicht isoliert, sondern vielmehr als Teil einer sehr weitverbreiteten Verwendung dieses Wortes im Deutschen. (Auch wenn ich mir einen privaten Code schaffe, in welchem ich das Wort »Paffel« Tabak bedeuten lasse, so definiere ich mir »Paffel« mittels des herkömmlichen Wortes »Tabak«.) Es muß allerdings immer noch erklärt werden, auf welche Weise mein Wortgebrauch seinen Gehalt von all diesen anderen Wortgebräuchen bezieht, deren überwiegender Teil mir unbekannt ist – aber vielleicht meint man ihre universelle

Bedeutung eher erklären zu können, indem man meine Worte in diesen größeren Kontext einordnet.

Das Problem ist hiermit jedoch nicht gelöst. Wenn ich das Wort verwende, so mag es zwar seine Bedeutung als ein Teil der deutschen Sprache haben, doch auf welche Weise verleiht ihm nun der Wortgebrauch jener anderen Sprecher des Deutschen seine universelle Reichweite, seinen über alle Situationen, in denen es faktisch verwendet wird, hinausreichenden Zugriff? Das Problem der Beziehung der Sprache zur Welt bleibt sich ziemlich gleich, ob wir es nun mit einem Satz oder mit Milliarden von Sätzen zu tun haben. Die Bedeutung eines Wortes enthält nicht nur seine wirklichen, sondern sämtliche seiner möglichen wahren oder falschen Anwendungen, und seine wirklichen Anwendungen machen nur einen Bruchteil der möglichen aus.

Wir sind kleine, endliche Geschöpfe, doch Bedeutung ermöglicht es uns, mit der Hilfe von Lauten oder von Zeichen auf dem Papier die ganze Welt und viele der Dinge in ihr zu erfassen, ja uns sogar Dinge auszudenken, die es nicht gibt und vielleicht niemals geben wird. Das Problem besteht darin, zu erklären, wie dies möglich ist: Wie kann etwas Gesagtes oder Geschriebenes etwas bedeuten – auch die Wörter in diesem Buch?

Kurt Tucholsky

Der Quatsch

Der politische Quatsch

»... und dann werd ich Ihnen überhaupt mal was sagen: Wenn wir nämlich mit England und Frankreich zusammengehn, dann kann Amerika sehn, wo es bleibt! Coolidge ...« – »Meine

Herren, vergessen Sie Indien nicht! In Indien geht was vor! Chamberlain …« – »Aber meine Herren, Sie müssen die Sache auch mal vom wirtschaftspolitischen Standpunkt aus betrachten! Vom wirtschaftlichen Standpunkt aus …«

Der Geschäftsquatsch
»… nun hab ich den Leuten erklärt: wenn ihr die Hypothek nicht an Bronnemann gebt, dann wird eben Bronnemann aus der Sache rausgehen! Mein Schwager in Frankfurt schreibt mir hier, er sieht die Lage ganz anders an … 's is ja auch heute schwer! Ich meine, schon rein aus steuertechnischen Gründen können wir ja das gar nicht machen! Sehn Sie mal: wer hat denn heute Geld? Haben *Sie* Geld …«

Der Familienquatsch
»… und da hat Lucie zu Jenny gesagt, sie hätte das nie zu Oskar gesagt, daß Erwin ihr nichts gesagt hat! Wie finnste das …? Na, das ist doch ganz klar, woher soll sie denn das wissen! Nein? – Nein! Wenn du zu Mama nicht gesagt hättest, daß ich es dir gesagt hätte, dann hätte Tante Emmi auch nicht sagen können, daß Max es Jenny gesagt hat! Na, hör doch mal zu, was ich dir sage …! Laß mich doch mal zu Wort kommen …!«

Der Literaten-Quatsch
»… meine Einstellung ist einfach die, daß unsere Mentalität da irgendwie schon sehr gut ist!« – »Jedenfalls kann er mit dem Hemmungskomplex seine Reaktionen so überhaupt nicht abreagieren, das können Sie doch in jedem Roman von ihm sehen – erzählen Sie mir doch nichts von Expressionismus – der Expressionismus ist tot, na, nun kommen Sie mir noch mit Spengler – dann laufe ich aber raus –!«

Der erotische Quatsch
»... na ja, gnädige Frau, aber in der heutigen Zeit – ich meine, bei der neuen Sachlichkeit – wir haben eben nicht so viel Zeit für unsere Gefühle wie unsre Großeltern – sehn Sie mal, der Moment des Sportes – man muß ja auch bedenken, daß die Natur da mitspricht! Es ist eben ein neues Zeitalter, und ich könnte mir schon eine Frau denken, die eben, ja, die eben hemmungslos ihren Trieben folgt, weil das Blut in ihr schreit ...«

Der medizinische Quatsch
»... da werden Sie mir nichts erzählen! Ich habe einen Onkel, der kannte den Medizinalrat Dr. Proppke vom Städtischen Krankenhaus sehr gut! Nein, meine Herren – in medizinischen Fragen bin ich nun also kompetent, sozusagen! Also, sehn Sie mal: die Lunge treibt das Blut durch die Aorta, oben fließt es rein, und unten fließt es wieder raus – da haben die Nieren überhaupt nichts mit zu tun, das können Sie mir glauben! Aber die Milz, die Milz, meine Herren, die hat ja nun mehr eine Funktion, und wenn die Milz sprechen könnte, da würde sie sagen –«

Die Sprache dient nur in seltenen Fällen dazu, die Gedanken zu verbergen – denn dies setzte voraus, daß jeder Sprechende auch Gedanken hat. Dem ist mitnichten so. Die Sprache hat vielmehr die Aufgabe, die Leere auszufüllen, Leben anzuzeigen; sie ist häufig um ihrer selbst willen da. Der Kern der Rede ist – in allen Sprachen – von Gequatsch umgeben. Man sagt nicht: »Dem Schauspieler Pinnemann ist ein kleines Unglück zugestoßen« – sondern man sagt so: »Sagen Sie mal – was ich sagen wollte – wissen Sie eigentlich, daß sich der ... wie heißt er doch gleich ... ja, daß sich der Pinnemann, wissen Sie, der Schauspieler, den kennen Sie doch! Natürlich kennen Sie den! Also daß der Pinnemann neulich von der Bühne runter in die Pauke gefallen ist? Ja, direkt in die Pauke! Hähä –! Fällt da runter und setzt sich in die Pauke –« So heißt das.

Es gibt vielerlei Arten von Quatsch: den erotischen Quatsch, den politischen Quatsch, den geschäftlichen, den Familienquatsch und den Quatsch schlechtweg. Ich glaube nicht, daß die Menschen ohne diesen Quatsch überhaupt leben könnten – sie kommen ohne ihn nicht aus, sie brauchen ihn wie die Luft und das Wasser – er ist ein Lebenselement.

Mach die Ohren auf und lausche, was um dich gesagt wird: hätten die gesprochenen Worte eine Taxe wie die Telegrammworte, so hörtest du viel weniger, aber die Worte sind gratis und franko, und daher braust um dich der Quatsch. Es gibt ja wortkarge Leute, so jenen Hamburger, der neben einem Schiffer am Elbufer stand und stundenlang ins Wasser sah. Alle halbe Stunde spuckten sie hinein. Nach anderthalb Stunden sagte der Hamburger zum Schiffer: »Schoines Wetter heute!« – Der Schiffer sah gar nicht auf: aber nach einer weiteren halben Stunde brummte er vor sich hin: »Dat seh ick auch, ohne to snacken –!« So wortkarg sind leider nur wenige. – Vielmehr gleicht die Welt, was das Geräusch angeht, einem Hühnerhof: Welch ein Gekakel, welch ein Krähen, Gackern, Gluckern, Kikeriki –! Aber das muß wohl so sein, denn sonst wäre es nicht so.

Höre, wenn du dies gelesen hast, um dich und sage ehrlich, was du da zu hören bekommst. Wenn du es alles vernommen hast, dann wirst du jenen alten und weisen Mann verstehen, dem der Arzt den Schnaps verboten hatte, seines Gehörs wegen. Als der Patient wieder in die Sprechstunde kam, da war er stocktaub und hörte überhaupt nichts mehr. Der Arzt war entsetzt. »Sie haben getrunken!« schrieb er dem alten Mann auf einen Zettel. »Ich habe es Ihnen prophezeit und nun haben Sie Ihr Gehör verloren ...!« Da sprach der alte Mann: »Lieber Herr Doktor! Alles, was ich gehört habe, war nicht so gut wie Schnaps.«

Hatte er nicht recht?

Michail J. Lermontow

Strophen

Einsam tret ich auf den Weg, den leeren,
Der durch Nebel leise schimmernd bricht;
Seh die Leere still mit Gott verkehren
Und wie jeder Stern mit Sternen spricht.

Feierliches Wunder: hingeruhte
Erde in der Himmel Herrlichkeit ...
Ach, warum ist mir so schwer zumute?
Was erwart ich denn? Was tut mir leid?

Nichts hab ich vom Leben zu verlangen
Und Vergangenes bereu ich nicht:
Freiheit soll und Friede mich umfangen
Im Vergessen, das der Schlaf verspricht.

Aber nicht der kalte Schlaf im Grabe.
Schlafen möcht ich so jahrhundertlang,
Daß ich alle Kräfte in mir habe
Und in ruhiger Brust des Atems Gang.

Daß mir Tag und Nacht die süße, kühne
Stimme sänge, die aus Liebe steigt,
Und ich wüßte, wie die immergrüne
Eiche flüstert, düster hergeneigt.

Liezi

Leben und Tod

Als Meister Liezi eines Tages nach Wei unterwegs war, fanden seine Jünger ein hundertjähriges Totengebein. Sie bogen das Gestrüpp zurück und zeigten es ihm. Er wandte sich um und sprach zu ihnen: »Ich und dieser da, wir beide haben erkannt, dass es etwas gibt, das noch nie gezeugt und noch nie gestorben ist: Das ist jenseits von aller Nahrung, jenseits von aller Freude.«

Die Essenz hat Metamorphosen. Sie wandelt sich in Pflanzen und Tiere, je nach den Bedingungen, die sie vorfindet. Auch der Mensch erscheint im Lauf dieser Metamorphosen und kehrt wieder in diesen Kreislauf zurück. Alle Geschöpfe kommen aus diesem Kreislauf hervor und gehen wieder in diesen Kreislauf zurück.

Im Buche des Herrn der gelben Erde steht: »Wirkt die Form, so entsteht nicht Form, sondern Schatten; wirkt der Ton, so entsteht nicht Ton, sondern Echo; wirkt das Nichtsein, so entsteht nicht Nichtsein, sondern Sein.« Die Form ist etwas, das notwendig endet; Himmel und Erde werden vergehen, zusammen mit uns vergehen. Ob es dann ganz zu Ende ist? Wir wissen es nicht. Wie sollte der Sinn des Weltgeschehens enden, da er doch seinem Wesen nach ohne Anfang ist? Wie sollte er an eine äußerste Grenze kommen, da er doch seinem Wesen nach jenseits des zeitlichen Daseins ist? Was Leben hat, kehrt wieder zum Nichtleben; was Form hat, kehrt wieder zum Formlosen. Dieses Nichtlebende ist aber nicht seinem Wesen nach jenseits des Lebens; dieses Formlose ist aber nicht seinem Wesen nach jenseits der Formenwelt. Alles Lebendige muss nach notwendigen Gesetzen endigen. Es ist etwas, das endigt und nicht anders kann als endigen, ebenso wie das Erzeugte nicht anders kann als leben.

Susan Wolf

Wann ist ein Leben sinnvoll?

Mir liegt daran, daß mein Leben sinnvoll ist. Das heißt: Mir liegt daran, mein Leben, wenn ich von ihm einen Schritt zurücktrete, als lebenswert ansehen zu können. Das Anliegen, ein sinnvolles Leben zu haben, ist das Anliegen, ein lebenswertes Leben zu haben. Aber was für ein Leben ist das? (...)

Mir fallen mindestens drei paradigmatische Umstände ein, in denen die Frage nach dem Sinn des Lebens oder die, ob das eigene Leben sinnvoll ist, am ehesten auftauchen. Ich nenne sie *Sterbebett, Offenbarung* und *Verzweiflung.*

Aus der Perspektive des *Sterbebetts* schaut man, so stelle ich mir das jedenfalls vor, auf sein eigenes Leben zurück und bewertet es; man hofft dabei, in ihm einen Grund zu der Annahme zu finden, daß es einen Witz hatte, etwas Gutes bewirkt hat oder einen Wert verwirklicht hat, für den zu leben sich gelohnt hat. Man möchte, denke ich, insbesondere dem bedrohlichen Gedanken entgegentreten können, das eigene Leben sei nichts als verschwendete Energie gewesen, es habe keinen Unterschied gemacht und werde keine Spur hinterlassen – wie eine Luftblase im Sirup, die auftaucht, platzt und sich sofort in nichts auflöst.

Solche Gedanken scheinen sich aus der Perspektive des eigenen Sterbebettes wie von selbst einzustellen; aber natürlich kann man eine ähnliche Perspektive auch einnehmen, wenn man nicht in unmittelbarer Lebensgefahr schwebt. Der Tod eines Freundes, ein knappes Entrinnen oder eine Zeitungsmeldung über einen seltsamen Unfall, der, »wenn es der Zufall gewollt hätte«, auch einem selbst hätte passieren können – solche Dinge können uns daran erinnern, daß wir sterblich sind und es angemessen ist, unser Leben unter dieser Perspektive zu betrachten.

Erfahrungen wie diese stecken manchmal hinter der zweiten Art von Paradigma, bei der das Anliegen, das eigene Leben möge sinnvoll sein, besonders lebhaft sein kann: der *Offenbarung*. Wir wachen eines Morgens mit dem Gedanken auf, daß unser Leben nirgendwohin führt oder daß es sich um vergebliche oder wertlose Dinge dreht; und das veranlaßt uns, sei es zum Besseren oder zum Schlechteren, eine große Änderung vorzunehmen und unseren Energien eine neue Richtung zu geben. Eine Person entscheidet sich vielleicht, ihre hochkarätige Karriere an der Börse aufzugeben, um sich mehr mit der Natur auszutauschen oder ihrer Familie zu widmen. (Paul Tsongas hat, nachdem bei ihm Krebs festgestellt worden war, sein Amt im US-Senat niedergelegt und dazu bemerkt, daß, soweit man wisse, noch nie jemand auf seinem Sterbebett der Auffassung gewesen sei, er hätte mehr Zeit in seinem Büro verbringen sollen.) Eine andere Person beschließt, daß ihr Leben als Hausfrau und Mutter »nicht genug« ist, daß sie aus sich mehr oder etwas anderes machen muß; so macht sie ihren Studienabschluß oder geht wieder arbeiten oder engagiert sich stärker für Dinge, an die sie glaubt.

Beim dritten Paradigma, der *Verzweiflung*, stellt sich die Frage »Sinnvoll oder nicht?« aus einer anderen Perspektive. Angesichts des Fehlschlagens, kurioserweise sogar angesichts des erfolgreichen Abschlusses eines Projekts, mit dem unser Leben besonders stark verknüpft gewesen ist, oder als Reaktion auf eine tiefe Depression oder auf großes Leid in unserem Leben fragen wir uns, ob es einen Witz hat weiterzumachen, ob es einen Grund gibt, Mühe auf das eigene Weiterleben zu verwenden. Wir vermuten, daß unser Leben ohne Sinn ist, vielleicht, daß unser Leben seinen Sinn verloren hat. Und so suchen wir nach einem Grund, uns vom Gegenteil zu überzeugen, einem Grund, unseren Neigungen zur Selbsttötung nicht nachzugeben und unsere Apathie zu überwinden. Während man auf dem Sterbebett hofft, daß das eigene Leben lebenswert war, und man bei der Offenbarung gelobt, es lebenswert zu machen, scheint man in der Perspektive der Verzweiflung zu fragen (passiv, aber nicht retrospektiv), ob das Leben – das eigene Leben – lebenswert *ist,* ob es da irgend etwas in ihm oder an ihm gibt, was uns einen Grund gäbe weiterzumachen. Ein sinnvolles Leben zu wollen heißt, ein Leben zu wollen, bei dem es eine bestimmte Art von Grund gibt weiterzumachen.

Vielleicht fragt sich angesichts dieser Paradigmen manch ein Leser, worin sich die Frage, wann ein Leben sinnvoll ist, von der vertrauteren oder traditionelleren Frage nach dem »Sinn des Lebens« unterscheidet. Denn auch diese Frage wird oft im Zusammenhang mit Tod, Offenbarung und Verzweiflung gestellt. Wenn Philosophen, Theologen oder russische Romanciers den Sinn des Lebens diskutieren, sind sie jedoch meist daran interessiert, ob das Leben oder das menschliche Leben *als solches* von Bedeutung ist oder Witz hat. Gibt es einen großen Plan, in dem die Existenz der menschlichen Gattung eine Rolle spielt? Gibt es ein Ziel, auf das wir als Gattung uns zubewegen oder zubewegen sollen? Die Frage, um die es mir geht, ist weniger global. Obgleich man auf dem Sterbebett über das Mysterium der menschlichen Existenz als solcher nachdenken kann, liegt es, denke ich, mindestens so nahe, sich seine eigene Existenz anzuschauen und zu fragen, ob *sie* ein sinnvolles Leben war, ein Leben, das es wert war, gelebt zu werden. Auch scheint der Gedanke, daß sie es war oder gewesen sein könnte, nicht von einer positiven Auffassung über den Sinn des Lebens als solchen abzuhängen. (...)

Ich habe Situationen skizziert, in denen die Frage, ob das eigene Leben sinnvoll ist, und das Interesse an ihr besonders deutlich sind. Doch ich vermute, daß dieses Interesse viel häufiger vorliegt und gewöhnlich weniger dramatisch, vielleicht sogar ganz unterbewußt am Werk ist. So vermute ich zum Beispiel, daß diese Frage bei vielen Leuten, zumindest in privilegierten Kreisen, eine Rolle spielt, wenn sie über das Kinderkriegen nachdenken. Viele denken, daß Kinder dazu beitragen werden, ihr Leben sinnvoll zu machen, und einige entscheiden sich gegen Kinder, weil sie fürchten, daß die Bürde der Elternschaft sie der Zeit, Energie oder Seelenruhe berauben würde, die es ihnen erlaubt, den Dingen nachzugehen, die ihrem Leben Sinn verleihen. Auch die Berufswahl, so glaube ich, beruht bei vielen (wiederum reden wir von Privilegierten) zumindest zum Teil darauf, daß sie sich für etwas engagieren wollen, was sie als sinnvoll betrachten – während andere sich dazu entscheiden, *nicht* Karriere zu machen, um sich so Zeit für ein Engagement in außerberuflichen Projekten zu verschaffen, die sie für letztlich wichtiger halten. Und selbst wenn wir nie explizit darüber nachdenken, ob unser Leben sinnvoll ist, so bedeutet dies nicht, daß uns die Frage nicht kümmert oder, treffender, daß sie uns nicht wichtig ist. Denn vielleicht kommt das Nichtnachdenken über die Frage gerade daher, daß uns das, wonach sie fragt, sicher ist. Wie Bernard Williams zur Frage, ob das Leben wünschenswert ist, sagt: »Die beste Antwort auf sie bekommt man, indem man sie niemals stellt.«

Aber was *ist* ein sinnvolles Leben? Was wollen wir, wenn wir wollen, daß unser Leben sinnvoll ist? Wir wollen, so hatte ich bereits gesagt, daß unser Leben lebenswert ist; daß es einen Grund gibt (oder gegeben hat), es zu leben. Und was wollen wir, wenn wir ein lebenswertes Leben wollen? Vielleicht kommen wir mit dieser Frage leichter voran, wenn wir uns darauf konzentrieren, was wir vermeiden möchten. (...)

Für mich ist die Idee eines sinnlosen Lebens am klarsten und deutlichsten in einer Person verkörpert, die Tag für Tag oder Nacht für Nacht vor dem Fernseher sitzt, Bier trinkt und sich eine Seifenoper nach der anderen anschaut. Ich habe überhaupt nichts gegen Fernsehen oder Bier. Aber die Vorstellung von einer Person, deren Leben in Passivität dahindämmert – zwar auf einer Bewußtseinsebene, die nicht unangenehm ist, doch ohne jede Beziehung zu irgend jemandem oder irgend etwas –, das zu nichts führt, nichts vollbringt: Diese Vorstellung gibt uns ein so starkes Bild von Sinnlosigkeit wie nur möglich. Nennen wir diesen Fall, oder besser diese Person, *Blubb*.

Wenn irgendein Leben, irgendein menschliches Leben, sinnlos ist, dann das von Blubb. Aber das heißt nicht, daß jedes sinnlose Leben in allen wesentlichen Aspekten wie das von Blubb sein muß. Andere Paradigmen beleuchten andere Elemente des Sinnlosen respektive, ex negativo, des Sinnvollen.

Als Gegensatz zu Blubbs Passivität können wir uns zum Beispiel ein Leben voll von Aktivitäten vorstellen – aber von albernen, dekadenten oder nutzlosen. (Wieder habe ich nichts gegen alberne Aktivitäten; nur etwas gegen ein Leben, bei dem sie im Mittelpunkt stehen, als das, worum es hauptsächlich geht.) Stellen wir uns zum Beispiel eine jener müßigen Reichen vor, die auf jeder Party zu finden sind, ständig auf der Flucht vor der Langeweile, unterwegs von einer Vergnügung zur nächsten. Sie reist durch die Welt, sie läßt ihr Geld in Boutiquen und teuren Restaurants, sie trimmt sich unter Anleitung ihres persönlichen Trainers.

Ironischerweise könnte man auch einen dezidiert nichtmüßigen Reichen hernehmen, um ein sinnloses Leben zu illustrieren: den Manager, der zwölf Stunden am Tag und sieben Tage die Woche arbeitet, unter großem Streß – und das nur zur Mehrung seines persönlichen Reichtums. Hierher gehört vielleicht, was David Wiggins in seinem Aufsatz ›Truth, Invention, and the Meaning of Life‹ vom Schweinezüchter erzählt, der mehr Land kauft, um mehr Getreide anzubauen, um mehr Schweine zu füttern, um mehr Land zu kaufen, um mehr Getreide anzubauen, um mehr Schweine zu füttern.

Die drei letzten Fälle – der müßige Reiche, der Manager und

der Schweinezüchter – unterscheiden sich voneinander in mehrfacher Hinsicht, haben aber alle mindestens dies gemein: Die vorherrschenden Aktivitäten in ihrem Leben scheinen witzlos, nutzlos oder leer zu sein. Klassifizieren wir diese Fälle unter der Rubrik *Nutzlos*.

Ein Fall von anderer und vermutlich strittigerer Art ist dieser. Eine Person engagiert sich für ein Projekt, ja hat sich ihm geradezu verschrieben, und das Projekt erweist sich am Ende als bankrott; nicht, weil die Werte der betreffenden Person seicht oder irregeleitet sind – das Projekt geht einfach schief. Vielleicht geht die Person wortwörtlich bankrott: Ein Mann widmet sich sein ganzes Leben lang dem Aufbau einer Firma, um diese später seinen Kindern zu übergeben; aber gerade, als er sich aufs Altenteil zurückziehen will, wird das von seiner Firma hergestellte Produkt durch neue Techniken überholt. Wir können uns auch einen Wissenschaftler vorstellen, dessen Lebenswerk durch die Bekanntgabe eines medizinischen Durchbruchs nutzlos gemacht wird – wenige Wochen, bevor seine eigenen Forschungen zu den gleichen Ergebnissen geführt hätten. Oder denken wir, vielleicht ist das noch schmerzlicher, an eine Frau, in deren Lebensmittelpunkt eine Beziehung stand, die sich als Betrug herausstellt (ihr Liebhaber hat sie die ganze Zeit hindurch belogen, sie schlicht benutzt, ihre Selbstlosigkeit und ihre unerwiderte Anbetung ausgenutzt). Derartige Fälle können wir in die Kategorie *Bankrott* einordnen.

Bei dieser dritten Art von Fallen dürfte die Klassifizierung »sinnlos« auf größeren Widerstand stoßen als bei den ersten beiden. Ich selbst neige zu der These, daß solche Leben nicht als sinnlos angesehen werden sollten. Trotzdem überrascht es bei diesen Fällen nicht, daß es irgendeiner Art von Argument bedarf. Es ist nicht entlegen oder unverständlich, wenn den Betroffenen der Gedanke kommt, ihr Leben sei sinnlos gewesen. Selbst wenn sie unrecht haben, stellt die Tatsache, daß dieser

Gedanke sozusagen nicht unangebracht ist, ein nützliches Datum dar – wie auch das, was wir sagen würden, um sie oder uns davon zu überzeugen, daß er letztlich falsch ist.

Wenn die von mir skizzierten Fälle unsere Vorstellungen von Sinnlosigkeit einigermaßen korrekt widerspiegeln, so verweisen sie uns darauf, was den positiven Fall eines sinnvollen Lebens ausmachen würde. Im Gegensatz zu Blubb, dem Passiven, muß eine Person, die ein sinnvolles Leben führt, aktiv engagiert sein. Aber, wie uns die Nutzlos-Fälle lehren, es genügt nicht, sich für irgend etwas aus beliebigen Gründen und mit beliebigen Zielen zu engagieren; man muß sich für Projekte engagieren, die einen positiven Wert haben, und zwar in einer Weise, die nicht nur durch Zufall mit dem verbunden ist, was ihnen Wert verleiht. Schließlich scheint es, damit wir den Bankrott vermeiden, notwendig, daß unsere Aktivitäten zumindest in einem gewissen Maße erfolgreich sind (obschon es nicht leicht sein dürfte zu bestimmen, was als die richtige Art oder das richtige Maß an Erfolg zählt). Fügen wir diese Kriterien zusammen, so erhalten wir einen Vorschlag dafür, was es heißt, ein sinnvolles Leben zu leben: aktiv und teils erfolgreich für ein Projekt engagiert zu sein (genauer gesagt, für mindestens eines), das positiven Wert hat. (...)

Das Wort »Projekt« will ich dabei in einem ungewöhnlich weiten Sinne verwenden, der nicht nur zielgerichtete Aufgaben, sondern auch andere Arten von Aktivitäten umfaßt. Was nun den Ausdruck »positiver Wert« angeht, so ist er notorisch vage und problematisch. Meine Behauptung war, daß ein sinnvolles Leben für Projekte mit positivem Wert engagiert sein muß. Aber wer soll entscheiden, welche Projekte positiven Wert haben, oder gar garantieren, daß es so etwas gibt?

Seneca

Die Tugend als einzig wahres Lebensgut

Dein Brief hat mir Freude gemacht und meiner Schlaffheit einen heilsamen Stoß versetzt; auch mein Gedächtnis, das schon Spuren von Ermattung und Trägheit zeigt, hat er wieder aufgefrischt. Was könnte dich abhalten, mein Lucilius, für das wirksamste Mittel zu einem glücklichen Leben die Überzeugung zu halten, daß Tugendhaftigkeit das einzige Gut sei? Denn wer andere Dinge für Güter hält, der gerät in des Schicksals Gewalt und macht sich fremder Willkür dienstbar.

Wer dagegen das Gute ausschließlich in der Tugendhaftigkeit sieht, der hat sein Glück ganz in sich selbst. Der eine trauert, wenn er seine Kinder verliert; der andere macht sich Sorgen, wenn sie krank sind; wieder ein anderer ist voll Kummer darüber, daß sie ihm Schande machen und daß man ihnen Böses nachredet. Sieh dich nur um: der eine wird gequält von der Liebe zu einem fremden Weibe, der andere durch die Untreue der eigenen Frau. Manche bringt ein Mißerfolg bei Amtsbewerbung ganz außer Fassung, andere bringt die glücklich erlangte Stellung selbst um alle Lebensfreude. Am größten aber ist in dem ganzen Menschengewimmel die Schar jener Unglücklichen, die die Angst vor dem von allen Seiten drohenden Tode nicht zur Ruhe kommen läßt; denn es gibt nichts, was dazu nicht Veranlassung böte. Man fühlt sich also wie in Feindesland: nach allen Seiten muß man ängstlich um sich blicken und den Hals nach jedem Geräusch wenden. Dieser Angst also muß man sich gründlich entledigen; sonst hört das Herzklopfen nicht auf. Verbannte werden uns begegnen und aus ihrem Besitz Vertriebene. Begegnen werden uns auch solche – und das ist die drückendste Art der Armut –, die inmitten alles Reichtums armselig sind. Begegnen werden uns ferner Schiffbrüchige oder von ähnlichem Schicksal Betroffene, die entweder die entfesselte Volkswut oder der Neid, diese auch den Besten verderbliche Vernichtungsmacht, ohne daß sie die geringste Ahnung davon hatten, aus ihrer geträumten Sicherheit zu Fall gebracht hat, einem Sturmwetter gleich, das oft bei vollem Vertrauen auf des Himmels Heiterkeit hereinbricht, oder auch dem Blitze gleich, der plötzlich einschlagend auch die Umgebung erbeben macht. Denn wie dort der dem Blitze Nahestehende ähnlich betäubt wird wie der Getroffene, so geht es auch hier. Bei irgendwelchen Gewaltvorgängen schlägt das Unglück einen zu Boden, auf die anderen übt die Furcht eine ähnliche Wirkung aus, und die bloße Möglichkeit des Leidens hat die gleiche niederschlagende Wirkung wie das wirklich erfahrene Leid. Fremdes, plötzliches Unglück beunruhigt die Gemüter aller. Wie das bloße Geräusch auch der leeren Schleuder die Vögel schreckt, so werden wir aufgescheucht nicht nur beim Schlage selbst, sondern schon beim bloßen Getöse.

Niemand kann also glücklich sein, der in solchen Wahnvorstellungen lebt. Denn es gibt kein Glück, das nicht die Furchtlosigkeit zur Voraussetzung hätte; wo man überall Arges wittert, da gibt es kein glückliches Leben. Wer sein Herz an die Gaben des Zufalls hängt, der schafft sich dadurch eine gewaltige und unentwirrbare Fülle von Anlässen zu geistigem Wirrsal. Es gibt nur einen Weg, der zur Sicherheit führt: alles Äußere zu verachten und sich mit der Tugend zu begnügen. Denn wer der Tugend irgend etwas vorzieht oder irgend etwas außer ihr für ein Gut erachtet, der stellt erwartungsvoll seine Rechnung auf die Gaben, die vom Schicksal ausgestreut werden, ist dabei aber doch auch beängstigt durch die Furcht vor seinen Geschossen. Laß dir folgendes Bild vorschweben: Denke dir das Schicksal, wie es Spiele veranstaltet und über diesen Menschenschwarm Ehrenstellen, Reichtum, Ansehen ausschüttet; diese Herrlichkeiten werden teils in Stücke gerissen unter den Händen der gierig danach Greifenden, teils in betrügerischer Gemeinschaft verteilt, teils denen, in deren Hände sie geraten sind, zum großen Nachteil ausschlagen, indem einiges an Gleichgültige gerät, anderes bei dem allzu gierigen Zugreifen abhanden kommt und unter den räuberischen Händen verschwindet. Aber auch wem der Raub glücklich gelungen ist, hat keine dauernde Freude an dem Geraubten. Wer also klüger ist als die große Masse, der macht sich, sobald er merkt, daß die Geschenkverteilung beginnt, schleunigst aus dem Theater davon; denn er weiß, daß Kleinigkeiten oft teurer zu stehen kommen. Er erspart sich die Balgerei, er erspart sich die Stöße; denn niemand behelligt die Fortgehenden, während drinnen der Kampf um den Gewinn wogt. Dasselbe spielt sich ab bei den Dingen, die das Schicksal von oben herabwirft. Wir geraten in hitzige Leidenschaft, wir Unseligen, wir wissen nicht aus noch ein, wir möchten mehr als zwei Hände haben, bald blicken wir dahin, bald dorthin. Gar zu lange, meinen wir, wird mit den Gaben gezögert, auf die unsere Begierde gespannt ist und die nur an wenige kommen, während alle ihrer harren. Wir möchten ihnen entgegeneilen und sie mit den Händen auffangen. Wir freuen uns, wenn wir etwas erwischt haben und wenn andere in der gleichen Hoffnung betrogen worden sind. Unser jämmerliches bißchen Beute büßen wir mit irgendwelchem erheblichen Schaden oder sehen uns gänzlich getäuscht. Gehen wir also dergleichen Spielen ganz aus dem Wege und machen den Räubern Platz! Sie mögen ihr Auge weiden an diesen schwanken Gütern und dabei noch selbst mehr ins Schwanken geraten.

Wer sich ein glückliches Leben zum Ziele setzt, der muß die Tugend für das einzige Gut halten. Denn hält er irgend etwas anderes dafür, so stellt er zunächst der Vorsehung ein übles Zeugnis aus; denn es gibt erstens so manchen rechtschaffenen Mann, dem viel Ungemach widerfährt, und sodann ist alles, was sie über uns verhängt, nur von kurzer Dauer und verschwindend, wenn man es mit der Dauer des Weltganzen vergleicht. Das Gejammer darüber macht uns ungerecht in der Beurteilung der göttlichen Weltleitung. Wir klagen, daß wir nicht immer nach Wunsch bedacht werden, daß uns so wenige Gaben erteilt werden, die noch dazu unsicher und von kurzer Dauer sind. Daher kommt es, daß wir weder zu leben noch zu sterben wünschen: das Leben hassen wir, den Tod fürchten wir. Jeder Entschluß wird schwankend, und kein Glück gibt uns volle Befriedigung. Und der Grund dafür? Wir sind noch nicht zu jenem unermeßlichen und unübertrefflichen Gute gelangt, wo unsere Wünsche haltmachen müssen, weil das Höchste nichts mehr über sich hat. Du fragst, warum die Tugend nichts bedürfe. Sie hat ihre Freude an dem Gegenwärtigen und verlangt nicht nach dem Abwesenden. Für sie ist alles groß, was genügt. Läßt du diese Behauptung nicht gelten, so ist es aus mit der Treue, aus mit der Ehrlichkeit. Denn wer diese beiden für seine Handlungen zur Richtschnur machen will, der muß vieles über sich ergehen lassen, was man Unglück nennt, muß auf vieles verzichten von dem, dem wir uns zuneigen als vermeintlichen Gütern. Dann ist es auch aus mit der Tapferkeit, die sich in Gefahren erproben muß, und nicht minder mit der Geisteshoheit, die nur dann hervortreten kann, wenn sie alles als kleinlich verachtet, woran das Herz der Menge als an dem Höchsten hängt; nicht minder auch mit der Dankbarkeit und der Erwiderung ihrer Wohltat, wenn wir die Mühe scheuen, wenn uns irgend etwas an Wert höher steht als die redliche Gesinnung, wenn unser Sinn nicht auf das Edelste gerichtet ist.

Doch ich will nicht länger hierbei verweilen. Entweder ist das, was man gewöhnlich als Güter bezeichnet, kein wirkliches Gut, oder der Mensch ist glücklicher als Gott, weil dieser kein Bedürfnis hat für das, was unserem Bedürfnis dient. Denn er hat nichts zu schaffen mit Wollust oder Tafelprunk oder Geldgier oder was sonst die Menschen ködert und durch verächtliche Lust bestìcht. Entweder also müßte man annehmen, Gott ermangele dieser Güter, oder es liegt eben darin, daß sie der Gottheit abgehen, der Beweis, daß sie keine Güter sind. Dazu bedenke, daß gar manches, was sich als ein Gut aufdringlich macht, den Tieren in größerer Fülle zuteil wird als den Menschen. Sie verschlingen gieriger ihre Nahrung, fühlen sich durch den Liebesgenuß weniger erschlafft, ihre Kräfte zeigen eine größere und gleichmäßigere Festigkeit. Daraus würde folgen, daß sie weit glücklicher sind als der Mensch. Denn ihr Leben verläuft ja ohne Niederträchtigkeit und Trug. Sie genießen ihre Lust, die ihnen in reichlicherem Maße vergönnt ist, und zwar ohne Schwierigkeit und ohne jede Furcht vor Scham oder Reue. Überlege dir also, ob man das ein Gut nennen kann, was der Mensch vor der Gottheit voraus hat. Das höchste Gut gehört ganz nur unserem Geiste an; es verliert seinen Wert, wenn es von unserem besten Teil in unseren schlechtesten verlegt und den Sinnen überantwortet wird, die bei den unvernünftigen Tieren regsamer sind.

Die Glückseligkeit hat ihrem eigentlichen Wesen nach nichts mit dem Fleische zu tun. Nur das sind wahre Güter, die die Vernunft uns gibt; sie sind unerschütterlich und unvergänglich, sie sind keines Sturzes, ja nicht einmal einer Abnahme oder Verminderung fähig. Das übrige sind nur eingebildete Güter, die zwar den Namen mit den wahren teilen, aber von dem eigentümlichen Wesen des Guten nichts in sich haben. Daher mag man sie als Annehmlichkeiten oder nach unserer (stoischen) Schulsprache als schätzbare Dinge bezeichnen. Doch dürfen wir dabei nicht vergessen, daß sie uns dienstbar sind, nicht Teile von uns. Sie mögen *bei* uns sein; dabei müssen wir aber immer dessen eingedenk sein, daß sie *außer* uns sind. Und auch wenn sie bei uns sind, dürfen wir sie doch nur zu den untergeordneten und niedrigen Dingen rechnen, die zu keiner Überhebung Anlaß geben. Denn was wäre törichter als stolz sein auf etwas, was man nicht selbst gemacht hat? All diese Dinge mögen sich zu Begleitern von uns machen, dürfen sich aber nicht an uns festhängen, damit die etwaige Trennung sich ohne klaffende Wunde für uns vollziehe. Bedienen wir uns also ihrer, doch ohne uns zu rühmen, und gehen wir behutsam damit um wie mit einer uns zur Bewahrung anvertrauten und wieder abzugebenden Sache. Wer sie ohne Vernunft besitzt, behält sie nicht lange. Denn das Glück will gemäßigt sein, wenn es nicht unter seinem eigenen Drucke leiden soll. Wer den flüchtigen Gütern traut, sieht sich bald verlassen, oder, wenn dies nicht der Fall ist, von Anfechtungen heimgesucht. Nur wenigen war es vergönnt, sich ihres Glückes in schonender Weise zu entäußern. Alle übrigen sehen sich mit denen, unter denen sie hervorragten, zu Boden geworfen, und eben das, was sie emporgehoben hatte, liegt jetzt als schwere Last drückend auf ihnen.

Daher halte man sich an die vernünftige Einsicht, die in bezug auf jene Glücksgüter Maß und Enthaltsamkeit vorschreibt, denn die Zügellosigkeit verschwendet in drängender Hast ihre Mittel. Was maßlos ist, ist nie von Dauer; nur die regelnde Vernunft weist jene Ausschreitungen in die Schranken zurück. Dafür wirst du den Beleg in dem Schicksal vieler Städte finden, deren stolze Macht mitten in der Blüte dahinsank: was Mannestugend aufgerichtet hatte, ward durch Maßlosigkeit zu Fall gebracht. Gegen dergleichen Schicksalswandlungen müssen wir uns sichern. Es gibt aber keine Mauer, die dem Schicksal unüberwindlich wäre. Unser Inneres also müssen wir wehrhaft machen. Ist unsere Seele gut verwahrt, dann kann uns wohl mancher Schlag treffen, aber überwältigt können wir nicht werden.

Tanikawa Shuntarō

Video
VTR

auf der Insel Santorin

Durch den Sucher der Videokamera blicken und auf den Auslöser drücken ist ähnlich wie mit dem Finger auf etwas hindeuten. Ich schaue nicht wirklich, sondern überlasse mich nur den Dingen, die durch Augen und Ohren hereinfließen. Ich schneide die Welt in Stücke wie eine Pastete, aber ohne Absicht, sie zu verletzen oder zu spalten, um sie so unter meine Gewalt zu bringen. Vielmehr ist es mein Wunsch, die Welt in all ihren Einzelheiten wortlos zu verherrlichen.

Ich empfinde eine Art Hinterhältigkeit, doch zugleich auch Beruhigung darin, daß ich den Esel vor meinen Augen nicht Esel zu nennen brauche. Der Esel hört zwar nicht auf, das Wort Esel zu sein, und es versteht sich von selbst, daß ich den Esel abgetrennt vom Wort Esel nicht zu sehen vermag. Aber ich bin ermüdet von dieser Form ›Gedicht‹, die nicht ohne Benennungen auskommt, seien es nun Dinge, die vor Augen stehen, oder etwa schwer durchschaubare Ängste und Sorgen, wie sie sich im Innern stauen.

Oder wäre es etwa besser zu sagen: das liegt weniger an meiner Wortmüdigkeit als daran, daß ich für mich selber, solange ich lebe, das zum Schweigen des Todes hinsteuernde Chaos vorbereiten möchte? Bin ich nicht deshalb so versessen auf die Dinge dieser Erde, die da im Sucher auftauchen, und auf die Alltagsgeräusche, die das Mikrofon einfängt, weil ich in Wortlosigkeit auf die Welt zurückblicken möchte? Das auf dem Videoband Gespeicherte ist bereits getrübte Erinnerung.

Die weißen, in der Sonne glänzenden Häuserwände; ein

greiser Tourist, der plötzlich auf der Straße hinfällt und Speichel sabbert; ein Straßenhändler, der laut rufend durch die schmalen Gassen geht; die kleinen, auf diesem Boden reifenden tiefroten Tomaten; eine gewundene Steintreppe, die zum eselmistverschmierten Hafen hinunterführt; ein herumrasendes, schrill kreischendes Moped japanischer Bauart – all diese zahllosen Dinge, die ins Auge fallen und im Ohr widerhallen, gewinnen zwar dadurch, daß ich sie aufnehme, nicht im geringsten an Glanz. Aber indem ich sie verknüpfe und zusammenzähle, begegne ich der Welt mit wehmütiger Zuneigung.

Mag auch die Gestalt der Welt, die dabei zutage tritt, aus nichts als ein paar Teilchen eines Riesenpuzzles bestehen, so wird sie doch – dem Vogel ähnlich, der sich auf den Ast setzt –, für einen Augenblick Bestand haben. Nach ihrem Sinn befragt, indessen, weiß ich keine Antwort.

Theodor Fontane

Die Frage bleibt

Halte dich still, halte dich stumm,
Nur nicht forschen, warum? warum?

Nur nicht bittre Fragen tauschen,
Antwort ist doch nur Meeresrauschen.

Wie's dich auch aufzuhorchen treibt,
Das Dunkle, das Rätsel, die Frage bleibt.

Quellenverzeichnis

Fred Adams (geb. 1961), Physiker. – Jenseits des Lebens. Aus: Leben im Universum. Übersetzt von Heiner Kober. München 2006 (dtv 34282), S. 305–307. © 2004 Deutsche Verlags-Anstalt, München, in der Verlagsgruppe Random House GmbH.

Günther Anders (1902–1992), Philosoph. – Animal habens. Aus: Philosophische Stenogramme. München 3. Aufl. 2002, S. 76–79. © Verlag C. H. Beck, München 1965.

Aristoteles (ca. 384 v. Chr.–ca. 322 v. Chr.), Philosoph. – Bewegung und Veränderung. Übersetzt von Olof Gigon. Textauszug aus: Aristoteles. Ausgewählt und vorgestellt von Annemarie Pieper. München 1997 (dtv 30682), S. 224–230. © Patmos Verlag GmbH & Co.KG/Artemis & Winkler Verlag, Düsseldorf und Zürich 1985.

Babrios (2. Jh.), Fabeldichter. – Mensch und Hoffnung. Aus: Das Nashorn als Erzieher. Fabeln der Welt. Hrsg. von Paul Alverdes. München 1967, S. 10.

Charles Baudelaire (1821–1867), Dichter. – Der großmütige Spieler. Aus: Trente poèmes en prose. Dreißig Gedichte in Prosa. Auswahl, Übersetzung und Nachwort von Ulrich Friedrich Müller und Marlies Müller-Bek. München 2006 (dtv 9449), S. 77–85. © Deutscher Taschenbuch Verlag, München 2006.

Jacob Burckhardt (1818–1897), Historiker. – Glück und Unglück in der Weltgeschichte. Aus: Weltgeschichtliche Betrachtungen. München 1978, S. 193–197.

Pedro Calderón de la Barca (1600–1681), Dichter. – Anrufung der Welt. Aus: Das große Welttheater. Übersetzt von Joseph Freiherr von Eichendorff. In: Geistliche Schauspiele von Don Pedro Calderón de la Barca. Erster Band. Stuttgart und Tübingen 1864.

David Deutsch (geb. 1953), Physiker. – Was ist Leben? Aus: Die Physik der Welterkenntnis. Übersetzt von Anita Ehlers. München 2. Aufl. 2002 (dtv 33051), S. 155-166. © Deutscher Taschenbuch Verlag, München 2000.

Epiktet (ca. 50–ca. 140), Philosoph. – Was ist Einsamkeit? Aus: Epiktet, Teles, Musonius. Wege zum Glück. Übersetzt von Rainer Nickel. München 1991 (dtv 2269), S. 69–72. © Patmos Verlag GmbH & Co. KG/Artemis Verlag, Düsseldorf und Zürich 1983.

Theodor Fontane (1819–1898), Dichter. – Ein Spaziergang. Aus: Allerlei Glück. Ein Lebensbuch. Hrsg. von Ulf Diederichs. München 1998 (dtv 12538), S. 176–179. – Die Frage bleibt. Ebd., S. 213.

Erich Fromm (1900–1980), Psychologe. – Der neue Mensch. Aus: Haben oder Sein. Die seelischen Grundlagen einer neuen Gesellschaft. Übersetzt von Brigitte Stein. Überarbeitet von Rainer Funk. München 33. Aufl. 2005 (dtv 34234), S. 205–209. © 1976 Deutsche Verlags-Anstalt, München, in der Verlagsgruppe Random House GmbH.

Khalil Gibran (1883–1931), Schriftsteller, Philosoph und Künstler. – Von Gut und Böse. Aus: Der Prophet. Übersetzt von Ditte und Giovanni Bandini. 7. Aufl. München 2005 (dtv 36261), S. 88–91. © Deutscher Taschenbuch Verlag, München 2004.

Michael Hauskeller (geb. 1964), Philosoph. – Ich denke, aber bin ich? Aus: Ich denke, aber bin ich? Phantastische Reisen durch die Philosophie. München 2003, S. 15–19. © Verlag C. H. Beck, München 2003.

Heinrich Heine (1797–1856), Dichter. – Schöpfungslieder. Aus: Heinrich Heine für Große und Kleine. Gedichte. Hrsg. von Jan-Christoph Hauschild. München 2005 (dtv 13391), S. 60–61.

Tim Joseph. – Am Anfang war Aristoteles. Aus: Detlev Ganten/Thomas Deichmann/Thilo Spahl, Naturwissenschaft. Alles, was man wissen muss. München 2. Aufl. 2006 (dtv 34237), S. 320.

Immanuel Kant (1724–1804), Philosoph. – Der denkende Mensch fühlt einen Kummer. Aus: Anfang der Menschengeschichte. Berlinische Monatsschrift, Januar 1786, S. 1–27.

Konfuzius (ca. 551–ca. 479 v. Chr.), Philosoph. – Staatsregierung. Aus: Gespräche. Lun-yü. Übersetzt von Richard Wilhelm. Mit einem Nachwort von Hans van Ess. München 2006 (dtv 34246), S. 109, 110, 113 (Kleine Bibliothek der Weltweisheit 6).

Laotse (Laozi, 4.–3. Jh. v. Chr.?), Philosoph. – Es gibt ein Ding. Aus: Tao te king. Das Buch vom Sinn und Leben. Übersetzt von Richard Wilhelm. Mit einem Nachwort von Heiner Roetz. München 2005 (dtv 34247), S. 33 (Kleine Bibliothek der Weltweisheit 7).

Frieder Lauxmann (geb. 1933), Jurist, Philosoph. – Das Ende mit Adam und Eva. Aus: Die Schöpfung. Philosophische Wege zum Erleben der Welt. München 2004, S. 220–229.

Michail J. Lermontow (1814–1841), Dichter. – Strophen. Übersetzt von Rainer Maria Rilke. Aus: Das leuchtende Buch. Hrsg. von Dieter M. Gräf, Frankfurt a. M. und Leipzig 2004, S. 50–51.

Liezi (5./4. Jh. v. Chr.?), Philosoph. – Leben und Tod. Aus: Chinesische Weisheiten. Übersetzt von Richard Wilhelm. Hrsg. von Stephan Schuhmacher. München 2004 (dtv 34124), S. 49–50.

Konrad Lorenz (1903–1989), Verhaltensforscher. – Ecce homo. Aus: Das sogenannte Böse. Zur Naturgeschichte der Aggression. München 23. Aufl. 2002 (dtv 33017), S. 222–234.

Eduard Mörike (1804–1875), Dichter. – Nur zu! Aus: Horch, von fern ein leiser Harfenton. Gedichte. Ausgewählt und hrsg. von Dietmar Jaegle. München 2004 (dtv 13258), S. 18.

Michel de Montaigne (1533–1592), Philosoph. – Über die Mäßigung. Aus: Die Essais. Übertr. und ausgew. von Arthur Franz. Stuttgart o. J., S. 107–108.

Thomas Nagel (geb.1937), Philosoph. – Die Bedeutung von Wörtern. Aus: Was bedeutet das alles? Eine ganz kurze Einführung in die Philosophie. Übersetzt von Michael Gebauer. Stuttgart 1990, S. 34–40. © Verlag Philipp Reclam jun., Ditzingen 1990.

Friedrich Nietzsche (1844–1900), Philosoph. – Der Schatten. Aus: Also sprach Zarathustra I–IV. Hrsg. von Georgio Colli und Mazzino Montinari. München 1999 (dtv 30154), S. 338–341.

John O'Donohue, Philosoph. – Anam Ċara. Aus: Anam Ċara. Das Buch der keltischen Weisheit. Übersetzt von Giovanni und Ditte Bandini. München 15. Aufl. 2005 (dtv 24119), S. 31–33. © Deutscher Taschenbuch Verlag, München 1999.

Charlotte Perkins Gilman (1860–1935), Schriftstellerin. – Die wirtschaftlichen Beziehungen der Geschlechter. Übersetzt von Marie Stritt. Aus: Klassische philosophische Texte von Frauen. Hrsg. von Ruth Hagengruber, München 1998 (dtv 30652), S. 156–165.

Platon (ca. 427 v. Chr.–347 v. Chr.), Philosoph. – Timaios spricht über die »Schöpfung«. Übersetzt von O. Apelt in Verb. mit K. Hildebrandt u. a. Aus: Platon. Ausgewählt und vorgestellt von Rafael Ferber. München 1997 (dtv 30680), S. 443–450.

Prediger Salomo. – Alles hat seine Zeit. Prediger 3, 1–9. Aus: Die Bibel oder Die ganze Heilige Schrift des alten und neuen Testaments nach der Übersetzung Dr. Martin Luthers. Karlsruhe und Leipzig 1836, S. 558.

Rainer Maria Rilke (1875–1926), Schriftsteller. – Adam, Eva. Aus: Dies alles von mir. Gedichte. Hrsg. von Franz-Heinrich Hackel. München 5. Aufl. 2002 (dtv 12837), S. 123–124.

Arthur Schopenhauer (1788–1860), Philosoph. – Von der Nichtigkeit und dem Leiden des Daseins. Aus: Schopenhauer. Ausgewählt und vorgestellt von Rüdiger Safranski. München 1998 (dtv 30686), S. 355–359.

Lucius Aennaeus Seneca (ca. 4 v. Chr. – 65 n. Chr.), Philosoph. – Niemand ist alsbald ein fertiger Weiser. Aus: Briefe an Lucilius. Erster Teil. Übersetzt, mit Einleitungen und Anmerkungen versehen von Otto Apelt. Wiesbaden 2004, S. 304–309. – Die Tugend als einzig wahres Lebensgut. Ebd., S. 292–298.

Tanikawa Shuntarō (geb. 1931), Dichter. – Video. Aus: Picknick auf der Erdkugel. Gedichte. Ausgewählt, übersetzt und mit einem Nachwort von Eduard Klopfenstein. Frankfurt a. M. 1990, S. 150–151. © Insel Verlag, Frankfurt a. M. 1990.

Kurt Tucholsky (1890–1935), Schriftsteller. – Der liebe Gott ist ein älterer Mann. Aus: Dürfen darf man alles. Lebensweisheiten. Ausgewählt und hrsg. von Günther Stolzenberger. München 2006 (dtv 13431), S. 43–44. – Der Quatsch. Aus: Sprache ist eine Waffe. Glossen. Reinbek 1989, S. 67–69.

Susan Wolf, Philosophin. – Wann ist ein Leben sinnvoll? Übersetzt von Thomas Fehige. Aus: Der Sinn des Lebens. Hrsg. von Christoph Fehige, Georg Meggle und Ulla Wessels. München 5. Aufl. 2004 (dtv 30744), S. 251–254. © Deutscher Taschenbuch Verlag, München 2000.